SIMON « LE MAGICIEN »

ISSN 0575-0741

CAHIERS DE LA REVUE BIBLIQUE

39

SIMON « LE MAGICIEN »

ACTES 8, 5-25 ET L'ACCUSATION DE MAGIE CONTRE LES PROPHÈTES THAUMATURGES DANS L'ANTIQUITÉ

par

Florent HEINTZ

PARIS
J. GABALDA et Cie Éditeurs
Rue Pierre et Marie Curie, 18
—
1997

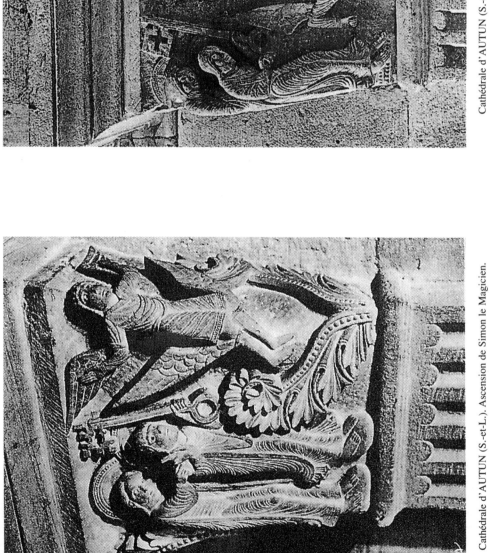

Cathédrale d'AUTUN (S.-et-L.). Ascension de Simon le Magicien.
Chapiteau (XIIᵉ siècle).

Cathédrale d'AUTUN (S.-et-L.). Chute de Simon le Magicien.
Chapiteau (XIIᵉ siècle).

PRÉFACE :

Un des progrès les plus importants en matière d'exégèse du Nouveau Testament ces dernières décennies a été la redécouverte de la rhétorique antique comme facteur significatif de l'activité littéraire des auteurs de ce recueil. Les écoles grecques et latines faisant une large place aux techniques du discours, tous leurs anciens élèves étaient formés à l'utilisation de celles-ci et recouraient spontanément à elles lorsqu'ils écrivaient.

Cette constatation n'a pas toujours été maniée avec sagesse par les exégètes, qui ont parfois tenté d'imposer des schémas rhétoriques à des livres qui ne s'y prêtaient guère. On n'en est que plus heureux de saluer une monographie comme celle de Florent Heintz, qui est un modèle de méthode et qui concerne les *Actes des Apôtres*, écrit où la rhétorique joue un rôle considérable.

Après avoir écarté toutes les interprétations courantes du récit d'*Actes, chap. 8, vv. 5-25*, en particulier quant au personnage de Simon "le magicien", l'auteur démontre ici d'une façon absolument convaincante que ce passage est un exemple typique de calomnie rhétorique envers un prophète thaumaturge, comme la littérature contemporaine en renferme un certain nombre. Des stéréotypes bien connus sont utilisés ici pour dépeindre Simon comme un magicien de bas étage, alors qu'il était en fait un prophète thaumaturge samaritain rallié à la foi chrétienne qui prétendait, au grand dam des apôtres de Jérusalem, exercer une certaine autorité sur les convertis samaritains gagnés par la prédication de l'évangéliste Philippe.

Outre l'intérêt historique de cette analyse, la rigueur du raisonnement et l'ampleur de la documentation rassemblée impressionnent. Il faut souhaiter que Florent Heintz poursuive ses travaux sur le Nouveau Testament. Il a l'étoffe d'un maître.

Etienne TROCMÉ.

Magicae artis conscios
summo supplicio adfici
placuit, it est bestiis
objicii aut cruci suffigi.[1]

INTRODUCTION

Les Actes des Apôtres offrent, au chap. 8, vv. 5-25, un récit
curieux et haut en couleur qui dépeint, entre autres choses, les
mésaventures d'un "magicien" nommé Simon : [2]

> "(5) C'est ainsi que Philippe, qui était descendu dans une ville de
> Samarie, y proclamait le Christ. (6) Les foules unanimes
> s'attachaient aux paroles de Philippe, car on entendait parler des
> miracles qu'il faisait et on les voyait. (7) Beaucoup d'esprits impurs
> en effet sortaient, en poussant de grands cris, de ceux qui en étaient
> possédés et beaucoup de paralysés et d'infirmes furent guéris. (8) Il
> y eut une grande joie dans cette ville.
> "(9) Or il se trouvait déjà dans la ville un homme du nom de
> Simon, pratiquant la magie, jetant le peuple de Samarie dans la
> stupeur[3] et disant à propos de lui-même qu'il était quelqu'un de

---

[1] "Tous ceux qui sont convaincus de pratiques magiques sont condamnés au
châtiment suprême, c'est-à-dire soit jetés au bêtes, soit crucifiés" : extrait d'un
amendement à la *Lex Cornelia de Sicariis et Veneficiis* (81 av. J.-C.), tel que le
rapporte, vers 212 ap. J.-C., le juriste romain Paul (*Sentences*, V, 23, 17).

[2] Nous utilisons la traduction de la *T.O.B.* (Vol. 2, Paris, 1977, pp. 381-382)
légèrement modifiée par nos soins, surtout aux versets 9-11. Les variantes
textuelles proviennent en majorité d'un manuscrit de la tradition occidentale (D)
et d'adjonctions ultérieures qui lui ont été apportées (K. Aland in *N.T.G.*, 1985[26]).
Nous ne mentionnerons ces leçons que si elles affectent le sens du texte.

[3] Le Grec autorise aussi à prendre le verbe *mageuein* dans son sens transitif:
dans ce cas, le verset 9b peut se traduire : "ensorcelant et stupéfiant le peuple de
Samarie".

grand. (10) A lui tous s'attachaient, du plus petit au plus grand, en disant : "Celui-ci est la puissance de Dieu, celle qu'on appelle la grande." (11) Ils s'attachaient à lui car il y avait longtemps qu'il les plongeait dans la stupeur au moyen de ses sortilèges.

"(12) Mais quand ils eurent cru Philippe qui leur annonçait la bonne nouvelle du Règne de Dieu et du Nom de Jésus Christ, ils reçurent le baptême, hommes et femmes.(13) Simon lui-même devint croyant à son tour, il reçut le baptême et ne lâchait plus Philippe. A regarder les grands signes et miracles qui avaient lieu, c'est lui en effet qui était stupéfié.

"(14) Apprenant que la Samarie avait accueilli la parole de Dieu, les apôtres qui étaient à Jérusalem y envoyèrent Pierre et Jean. (15) Une fois arrivés, ces derniers prièrent pour les Samaritains afin qu'ils reçoivent l'Esprit Saint. (16) En effet, l'Esprit n'était encore tombé sur aucun d'eux; ils avaient seulement reçu le baptême au nom du Seigneur Jésus. (17) Pierre et Jean se mirent donc à leur imposer les mains et les Samaritains recevaient l'Esprit Saint.

"(18) Mais Simon, quand il vit que l'Esprit était donné par l'imposition des mains des apôtres, leur proposa de l'argent. (19) "Accordez-moi, leur dit-il, à moi aussi ce pouvoir, afin que ceux à qui j'imposerai les mains reçoivent l'Esprit Saint".

"(20) Mais Pierre lui répliqua: "Périsse ton argent, et toi avec lui, pour avoir cru que tu pouvais acheter, avec de l'argent, le don gratuit de Dieu. (21) Il n'y a pour toi ni part ni héritage dans ce qui se passe ici, car ton coeur n'est pas droit devant Dieu. (22) Repens-toi donc de ta méchanceté, et prie le Seigneur: la pensée qui t'est venue au coeur te sera peut-être pardonnée. (23) Je vois en effet que tu es dans[4] l'amertume du fiel et le lien de l'iniquité."

"(24) Et Simon répondit : "Priez vous-mêmes le Seigneur en ma faveur, pour qu'il ne m'arrive rien de ce que vous avez dit."[5]

---

[4] Là encore, le manuscrit D s'attache à éliminer l'équivoque : alors que tous les autres manuscrits ont la préposition *eis* + acc. (dans, vers), ce qui pourrait laisser entendre que Simon est *en train de*, ou *sur le point de* tomber dans "l'amertume du fiel, etc.", D utilise la préposition statique *en* + datif, insistant ainsi sur la nature achevée du processus.

[5] La seule variante majeure du texte se situe à la fin du v. 24. Le manuscrit D non seulement rend plus explicite la fin du verset en rajoutant: "pour qu'il ne m'arrive rien des maux (*kakôn*) que vous m'avez dits," mais rajoute la vignette suivante : "et pleurant beaucoup, il ne pouvait s'arrêter."

"(25) Pierre et Jean, après avoir rendu témoignage et annoncé la parole du Seigneur, s'en retournèrent à Jérusalem non sans avoir évangélisé au passage de nombreux villages samaritains."

Le ton virulent et la présentation manifestement tendancieuse des faits, qui apparaît clairement dès lors que l'on prête attention à la manière dont Luc noircit le personnage de Simon pour mieux exalter ceux de Philippe et de Pierre, indique selon nous que ce texte doit être replacé dans le cadre de la littérature polémique propre à l'époque hellénistique. Plus précisément, il semble que l'auteur des Actes y fasse appel à un procédé d'invective couramment utilisé dans l'Antiquité contre les prophètes thaumaturges : *l'accusation de magie et de charlatanisme*. C'est en l'interprétant dans cette perspective que la péricope en question s'explique de façon satisfaisante. Et, aussi paradoxal que cela puisse paraître, c'est précisément en prenant conscience du caractère polémique et fortement stéréotypé du récit que l'on sera en mesure d'y découvrir de précieux renseignements, historiquement viables, concernant non seulement la personne de Simon mais aussi les querelles de pouvoir dans la mission chrétienne commençante.

L'objet de ce travail n'est pas de présenter, une nouvelle fois, une exégèse de type classique d'Actes 8, considérant l'histoire de la tradition, la reconstruction des sources, etc. D'innombrables commentaires nous ont, en effet, précédé sur ce terrain. Notre objectif n'est pas non plus de chercher à résoudre la question qui forme le point de départ de la majorité des études sur Actes 8 : la figure de Simon le magicien en Ac. 8 correspond-t-elle ou non à celle du gnostique Simon tel que le dépeignent les Pères de l'Eglise ? [6]

Plusieurs publications récentes, plus intéressées par l'état final du texte, se sont déjà aventurées hors de cette problématique pour envisager Actes 8 sous un jour nouveau, que ce soit pour y voir un texte parénétique dirigé contre les essais syncrétistes dans l'Eglise primitive (KLEIN, 1967), un condensé de pneumatologie lucanienne (BARRETT, 1979), un manifeste

---

[6] Cf. E. GRAESSER, "Acta Forschung seit 1960", in : *Theologische Rundschau*, 42, 1977, pp. 25-34, pour un historique de la recherche.

contre l'achat des charismes sacerdotaux (DERRETT, 1982), un exemple de confrontation entre paganisme/occultisme et mission chrétienne (WILDHABER, 1987), un énoncé théologique de Luc sur la magie comme phénomène satanique (GARRETT, 1989) ou encore une apothéose de Philippe en tant que véritable prophète mosaïque aux prises avec un magicien (SPENCER, 1992).

Ces dernières études, dont nous utiliserons et critiquerons les résultats au fur et à mesure de notre enquête, ont permis d'élargir considérablement l'éventail des points de vue sur notre péricope. A ces diverses perspectives, nous pensons qu'il est utile d'ajouter celle-ci : est-il possible d'élaborer un modèle critique valable pour l'études des textes d'accusation de magie dans l'Antiquité et, partant, d'en appliquer les résultats à l'étude d'Actes 8 ?

Nous commencerons notre parcours en examinant les textes chrétiens les plus anciens, postérieurs à Actes 8, qui décrivent Simon comme un magicien (§ 1). Ce bref passage en revue nous permettra ensuite (§ 2) de soumettre à une critique détaillée les diverses théories proposées par l'éxégèse moderne pour expliquer le fait que Simon soit présenté sous les traits d'un sorcier en Actes 8. Afin de nous guider dans cet état de la question, nous adopterons d'emblée les principes qui présideront à la phase analytique de ce travail : éviter les anachronismes et les contaminations qui surgissent dès lors que l'on aborde Actes 8 à la lumière des développements patristiques; privilégier les sources datables et non-chrétiennes dans la recherche de parallèles; reconnaître la teneur fortement rhétorique et polémique des textes, même historiographiques, qui nous serviront de points de comparaison avec Actes 8; considérer l'occultisme antique non comme un amas hybride de croyances superstitieuses, mais comme un phénomène religieux authentique au plein sens du terme; et enfin, garder à l'esprit qu'il est plus juste de voir dans le concept de "magie", lorsque celui-ci est utilisé par un tiers, un jugement de valeur porté sur la religion d'autrui plutôt qu'une catégorie objective de l'histoire des religions.
Le lecteur trouvera une description détaillée du plan de ce travail à la fin de cette introduction (cf. § 3).

1. SIMON "LE MAGICIEN" DANS LA TRADITION PATRISTIQUE :

La première source qu'il convient de relever est celle de Justin Martyr (ca.150 ap. J.-C.). Son ouvrage majeur, le *Syntagma kata pasôn tôn gegenemenôn haireseôn*, devait contenir une allusion à la magie de Simon, mais, celui-ci étant perdu, l'on n'y a accès aujourd'hui qu'au travers de deux passages de sa première *Apologie*. Conformément à son *a priori* polémique, qui consiste à démoniser systématiquement tout ce qui s'oppose ou entre en concurrence avec le christianisme (mystères de Mithra, persécutions, hérésies, etc.),[7] Justin présente Simon comme un agent satanique, jeté sur le devant de la scène par les mauvais démons[8] qui l'aident à réaliser de faux miracles : "...ayant réalisé des prodiges magiques grâce à l'art des actifs démons..." (*dia tês tôn energounomenôn daimonôn technês dynameis poiêsas magikas*)[9].

Vers la fin du deuxième siècle, l'évêque de Lyon, Irénée, désigne désormais Simon comme "ce magicien" (*magus ille*)[10] et ajoute qu'il était un gnostique, père de toutes les hérésies. Après avoir cité Actes 8 et donné un exposé sommaire de ses doctrines, Irénée s'en prend aux sectateurs de Simon, les "paganise" en les présentant comme les "prêtres" de mystères immoraux, puis les accuse de tremper dans la sorcellerie :

"Ils accomplissent des opérations magiques (*magias autem perficiunt*), chacun d'eux s'y exerçant dans la mesure de son aptitude. Ils utilisent conjurations, incantations (*exorcismis et incantationibus*), philtres et charmes amoureux (*amatoria quoque et agogima*). Et quelles que soient les autres *perierga*, ils s'y appliquent studieusement" (I, 23, 4).

Pour qui le lit en fonction du reste de l'*Adversus Haereses*, ce passage trahit d'emblée sa fonction apologétique. Irénée utilise une liste traditionnelle de

---

[7] Cf. H. WEY, *Die Funktionen der bösen Geister bei den griechischen Apologeten*, Winterthur, 1957, vii + 277 pp.; P.G. VAN DER NAT, Art. : "Geister", in : *Reallexikon für Antike und Christentum*, Vol. 9, Stuttgart, 1976, col. 715-761[Chap. 3 : "Apologeten und lateinische Väter"]; Ev. FERGUSON, "The Demons according to Justin Martyr", in : *The Man of the Messianic Reign*, W.C. GOODHEER, Ed., Wichita Falls, 1980.

[8] Justin Martyr, *1ère Apologie*, 56, 1: *hoi phauloi daimones (...) proeballonto allous, Simôna kai Menandron tês Samareias*, etc.

[9] *Ibidem*, 26, 2.

[10] Cf. Irénée, *Adversus Haereses*, I, 23, 1 : cette section de l'ouvrage d'Irénée n'ayant été conservée en grec par aucun auteur ultérieur, il nous faut donc nous baser sur la version latine.

pratiques magiques qu'il attribue avec de légères modifications aux Basilidiens (I, 24, 5) et aux Carpocratiens (I, 25, 3). Dans la section sur l'hérésie Marcosienne, dont nous aurons à reparler plus bas, Irénée reprend et développe ces catégories (magie en général, invocations, démons, charmes amoureux) en les appliquant l'une après l'autre, chacune dans un paragraphe détaillé, à Marc, à ses rituels, ses miracles et ses disciples (I, 13, 1-5). Il importe de rappeler que ces accusations circulaient alors à l'encontre des Chrétiens en général.[11] Dans le système apologétique d'Irénée, les "hérétiques" formaient un bouc émissaire idéal sur lequel il était aisé de détourner ces reproches. Quant à l'Eglise, celle que défendait Irénée, elle restait bien entendu exempte de ces impiétés.[12]

Hippolyte est particulièrement prolixe dans son attaque contre la personne de Simon. Il le présente comme un expert en magie (*mageias empeiros*) et lui reproche d'avoir tantôt usé de prestidigitation, tantôt d'avoir eu recours aux démons pour accomplir ses prodiges. Pour Hippolyte, Simon n'est qu' "un sorcier (*anthrôpos goês*) rempli de désespoir que les apôtres réfutèrent dans les Actes".[13]

Laissons maintenant de côté les notices hérésiologiques ultérieures (Épiphane, Philastre, Pseudo-Tertulllien), qui ne font toutes que broder sur le même thème, combinant inlassablement Ac. 8, Justin et Irénée, pour nous tourner vers les traditions narratives concernant Simon.

Dans les *Actes de Pierre* (*Actus Vercellenses*), datés de la fin du second siècle environ, la figure de Simon en tant que magicien est en tout point conforme à celle qu'en donnent les apologètes et les hérésiologues. Bien qu'il ne soit pas présenté comme un hérétique, Simon est

---

[11] Sur les accusations de magie contre les Chrétiens au deuxième siècle, voir S. BENKO, *Pagan Rome and Early Christians*, Bloomington, Ind., 1986, le chapitre intitulé : "Magic and Early Christianity", pp. 103-139; - et cf., *infra*, § 2.4 (pp. 23-26).

[12] Cf. Irénée, *Adversus Haereses*, II, 22, 5, à propos de l'Eglise : "*Nec invocationibus angelicis facit aliquid, nec incantationibus, nec reliqua prava curiositate*". Irénée utilise ici un abrégé de sa liste de pratiques magiques, mais, cette fois-ci, pour nier qu'elle puisse s'appliquer au groupe auquel il appartient.

[13] Hippolyte de Rome, *Philosophoumena*, VI, 7, 1. L'interprétation que donne Hippolyte du texte d'Actes 8 est manifestement déterminée par son projet d'ensemble. En "réfutant" (*elenchein*) Simon, les apôtres ne font que préfigurer la grande "réfutation" des hérésies que compose l'évêque de Rome : en effet, le sous-titre de son ouvrage est, comme celui d'Irénée, *Elenchos kata pasôn haireseôn*.

abondamment démonisé,[14] et ses pratiques magiques sont dénoncées à plusieurs reprises. Le Christ en personne prédit à Pierre que les actions de Simon "seront démasquées comme des sortilèges et des illusions magiques" (16). Pierre accuse ensuite Simon et ses complices d'avoir usé de magie pour cambrioler la maison de la riche Eubula, crime que l'apôtre a lui-même dévoilé[15] (17). Il prie pour recevoir la force de résister à ses "incantations" (18). Enfin, Simon est accusé de recourir à la sorcellerie pour provoquer les miracles qu'il oppose à ceux de Pierre : qu'il guérisse des malades, ressuscite les morts ou vole dans les airs, tous ses prodiges ne sont que des apparences trompeuses suscitées par la magie (31, 2).

Dans la tradition narrative qui suit les *Actes de Pierre*, à savoir dans les *Reconnaissances* et les *Homélies (Pseudo-) Clémentines*, le portrait de Simon comme magicien parvient à complète maturité. L'un des traits qui manquaient encore au tableau était celui du voyage en Égypte, la patrie de la magie pour les anciens. Les *Homélies* suppléent à ce manque et rapportent que Simon se serait rendu à Alexandrie pour s'initier aux pratiques de la magie et accroître sa puissance thaumaturgique (*kai mageiâ poly dynetheis*) (II, 22). La comparaison avec la version des *Reconnaissances* (II, 1), lesquelles s'inspirent de la même source, montre que l'auteur des *Homélies* a rajouté ce lieu commun tout en focalisant son attaque sur Alexandrie, le haut lieu de la culture hellénique qu'il réprouve comme démoniaque tout au long de son ouvrage (cf. IV, 12). Toujours dans les *Homélies*, ce sont les anciens disciples de Simon qui révèlent ses pratiques nécromantiques dans le plus grand détail (II, 26-30). Il serait trop long de relever tous les raffinements que les deux ouvrages apportent à la figure de Simon en tant que sorcier. Qu'il suffise de mentionner la notice des *Reconnaissances* sur les miracles de Simon. C'est lui-même qui parle :

---

[14] Simon est présenté comme le "messager de Satan" (chapitres 17, 18 et 32; cf. 2 Cor. 12, 7). Certain d'avoir eu affaire à un véritable démon (22), Marcellus, l'ex-protecteur de Simon, exorcise sa maison après l'en avoir chassé (19). Enfin, Simon a Satan pour père (16 et 28).

[15] Dans l'un de ses discours aux Romains (23), Pierre fait allusion à l'épisode d'Actes 8 mais, curieusement, le place en Judée tout en précisant que Paul aussi était présent lors de la confrontation. Ce déplacement géographique s'explique par la conflation avec l'histoire d'Eubula, habitante de la Judée et dont la mésaventure donna aussi lieu à un dévoilement de la magie de Simon. L'auteur des *Actes de Pierre* ne fait que regrouper les deux épisodes en un même lieu.

"Ego per aerem volavi, igni commixtus unum corpus effectus sum, statuas moveri feci, animavi exanima, *lapides panem feci*, de monte in montem volavi, transmeavi, *manibus angelorum sustentatus ad terras descendi*".[16]

La liste des prodiges de Simon est encore plus fournie dans les *Homélies* (II, 32). L'intérêt du passage des *Reconnaissances* est que l'on y trouve une allusion très nette au récit synoptique de la tentation de Jésus, dans lequel le diable propose au Christ de transformer une ou plusieurs pierres en pain (Mt. 4, 3; Lc. 4, 4) ainsi que de se jeter dans le vide dans l'espoir que les anges le soutiendront jusqu'au sol (Mt. 4, 6; Lc. 4, 10; cf. Ps. 91, 11-12). Dans la lignée de la tradition, le rédacteur des *Homélies* s'emploie à démoniser Simon en insinuant qu'au contraire de Jésus, le magicien est tombé dans les pièges tendus par Satan.

Cet ensemble de textes révèle que la sorcellerie de Simon était, tant pour les Pères de l'Eglise que pour les plus obscurs prosateurs chrétiens, prétexte à maints enjolivements. Il en ressort également que chaque auteur a adapté l'accusation de magie contre Simon à son propos particulier, la reformulant à chaque fois dans le cadre de ses propres préoccupations (démonologiques, apologétiques, culturelles, etc.). Dans deux cas au moins (Irénée et les *Actes de Pierre*), les sources que nous venons de passer en revue mentionnent explicitement le texte d'Actes 8. Et l'on est fortement tenté de penser que tous ces récits ne constituent qu'un développement secondaire. Tous semblent plus ou moins concoctés à partir du récit de Luc et s'évertuent à lui donner plus de couleur et de vraisemblance, en un mot à remplir ses silences.

Voyons maintenant comment les auteurs modernes ont traité la question de la magie de Simon en Actes 8.

2. SIMON "LE MAGICIEN" DANS LA RECHERCHE MODERNE : *STATUS QUAESTIONIS.*

---

[16] *Reconnaissances*, III, 47; cité par G.P. WETTER, *Der Sohn Gottes. - Eine Untersuchung über den Charakter und die Tendenz des Johannes-Evangelium*, Göttingen, 1916, pp. 88-89: "J'ai volé dans les airs, j'ai façonné un corps mélangé de feu, j'ai fait se mouvoir des statues, j'ai donné la vie à ce qui était mort, j'ai transformé des pierres en pain, j'ai volé de montagne en montagne, j'ai pris mon essor, je suis descendu sur terre soutenu par les anges".

2.1. Un fait historique :

L'interprétation la plus simple, celle qui s'impose d'elle-même à quiconque aborde le texte de manière non critique, consiste à prendre l'indication de la magie de Simon au pied de la lettre.

Le plus ardent défenseur de cette approche fut L. CERFAUX.[17] D'après lui, le Simon historique appartenait dès le début de son ministère à la confrérie des magiciens antiques, ceux dont les doctrines nous sont parvenues grâce aux papyri magiques grecs d'Égypte. Le renseignement fourni par les Actes serait confirmé par les notices ultérieures des hérésiologues, et en particulier par le texte d'Irénée dénonçant les cérémonies, tout empreintes de sorcellerie, qu'auraient célébré les adeptes de la secte simonienne (*Adv. haer.* I, 23, 4). La doctrine et les rituels de Simon ressortiraient d'une mouvance syncrétiste au sein du paganisme, faite de gnose (non de gnosticisme) et de magie, utilisant abondamment le vocabulaire des mystères. Cet auteur rapproche volontiers la figure de Simon de celle d'Alexandre d'Abonotique, le prophète du dieu Asklépios-Glykon dont le sanctuaire oraculaire et les mystères fleurissent, au milieu du second siècle ap. J.-C., sur la côte méridionale de la Mer Noire. Le "biographe" d'Alexandre, Lucien de Samosate, s'ingénie à le présenter comme un charlatan sans scrupules, tableau auquel CERFAUX souscrit entièrement, sans en remettre l'objectivité en question. Pour résumer d'un mot la thèse du savant belge : Simon était un sorcier de bas étage (trait que rapporterait fidèlement Actes 8), plus tard élevé par la tradition gnostique au rang d'un maître spirituel quasi-divin.

La démarche de CERFAUX présente plusieurs défauts majeurs. Le premier tient à son manque d'objectivité et de respect lorsqu'il parle de la magie antique. Ses prémisses correspondent à celles des savants du XIXe

---

[17] Cf. L. CERFAUX, "La gnose simonienne", in : *Recueil Lucien Cerfaux. - Études d'Exégèse et d'Histoire Religieuse*, Vol. 1, Gembloux, 1954, pp. 229-233. Le chapitre renfermant la portion qui nous intéresse fut publié un première fois dans les *Recherches de Science Religieuse*, 16, 1926, pp. 265-285. Voir aussi, du même auteur : "Simon le magicien à Samarie", dans le recueil cité plus haut, pp. 259-262 (1ère publication in : *R.Sc.R.*, 27, 1937, pp. 615-617).

siècle qui croyaient encore pouvoir distinguer objectivement la magie de la religion, enveloppant la première dans un mépris tout aristocratique : "L'astrologie et la magie enchaînaient alors la superstition populaire et pénétraient toutes les dévotions".[18] Pour notre auteur, les mystères des magiciens n'étaient que des "imitations" des vrais Mystères, comme ceux d'Éleusis par exemple. Cet *a priori* défavorable l'amène ainsi à confondre magie et charlatanisme dans un même mouvement de réprobation indignée. Par exemple, il voit des mystères "magiques" dans les célébrations d'Alexandre simplement parce que Lucien les dépeint comme une escroquerie sujette à débordements licencieux. Si CERFAUX avait été en mesure de mieux tenir compte du rôle primordial que tenaient les mystères dans le renouveau des sanctuaires divinatoires au IIème s. ap. J.-C.,[19] il aurait sans doute révisé son jugement et choisi de ne pas prendre au pied de la lettre le pamphlet de Lucien.

Le second défaut de la démarche de CERFAUX provient de ce qu'il interprète le récit d'Ac. 8 à la lumière des textes patristiques, et notamment de celui d'Irénée. Outre le problème méthodologique que pose cette interprétation "rétroactive", elle méconnaît une autre difficulté à propos de ces sources tardives : celle de leur forte teneur polémique et apologétique, que nous avons signalée un peu plus haut. De même, notre auteur n'envisage à aucun moment l'éventualité que le texte de Luc puisse offrir lui aussi une présentation subjective et inexacte du ministère réel de Simon.

H. JONAS et R. Mc. L. WILSON ont emboîté le pas à CERFAUX tout en ajoutant à sa démonstration d'autres éléments également discutables. Pour H. JONAS,[20] la déification de Simon (Ac. 8, 10) montre qu'il était semblable aux pseudo-messies de Phénicie et de Palestine ridiculisés par Celse vers le milieu du second siècle ap. J.-C.,[21] un rapprochement que WILSON[22] reprend avec enthousiasme tout en rappelant la comparaison,

---

[18] L. CERFAUX, "La gnose simonienne", p. 229. Ces préjugés négatifs contre la magie et l'occultisme en général, s'exprimant au travers de qualificatifs dégradants tels que "syncrétiste" ou "superstitieux", sont toujours à l'oeuvre dans bien des ouvrages plus récents; ils commencent seulement à subir une révision profonde dans la recherche actuelle (cf. *infra*, Chap. I, § 1.2 : pp. 32-36).

[19] Cf. Pausanias, *Description de la Grèce*, IX, 39, 5-14.

[20] Cf. H. JONAS, *The Gnostic Religion*, Boston, 1958, p. 103.

[21] Cf. Celse, *Discours véritable*, in Origène, *Contre Celse*, VII, 9.

[22] Cf. R. Mc. L. WILSON, "Simon and Gnostic Origins", in : *Les Actes des Apôtres. - Traditions, rédaction, théologie*, J. KREMER, Ed., Gembloux/Louvain, 1979, pp. 485-491 (pp. 486 & 490-491). Voir aussi, du même auteur, "Simon,

désormais acquise, entre Simon et cet autre "charlatan" que fut, selon Lucien, Alexandre d'Abonotique. Là encore, l'argument omet de prendre en compte que le texte de Celse est un libelle fortement polémique dirigé contre Jésus et les Chrétiens, englobant dans son attaque tous ceux qui se disent "fils de Dieu" et dont la nuance est loin d'être le souci premier. En somme, JONAS et WILSON ne font que transférer sur Simon une notice ouvertement tendancieuse que son auteur destinait à Jésus.

Avec K. BEYSCHLAG,[23] la thèse de l'historicité de la figure de Simon en tant que magicien en Ac. 8 s'affirme encore avec force. Pour lui, Simon était probablement un mage samaritain que Luc aurait, sans aucune intention polémique, dépeint sous les traits du *theios anêr* hellénistique. A la base du raisonnement de BEYSCHLAG, il y a le postulat inavoué que le récit de Luc n'était pas destiné à nuire à la réputation de Simon. Ce postulat nous apparaît tout à fait inacceptable car il contredit de manière flagrante le ton polémique du texte. Nous verrons, dans la section suivante, que, par cette approche drastique, BEYSCHLAG entendait prendre le contrepied du consensus qui régnait alors en Allemagne.

B. WILDHABER reprend l'hypothèse factuelle.[24] L'auteur suisse pense lui aussi que l'information d'Actes 8 est exacte et que Simon était bien un magicien. Toutefois, contrairement à BEYSCHLAG,[25] il soutient que la formule de déification (Ac. 8, 10) trouve son *"Sitz im Leben"* dans les papyri magiques grecs et non dans les biographies d' "hommes divins". Notons que WILDHABER partage le préjugé défavorable de CERFAUX envers la magie et l'occultisme.[26]

Dositheus and the Dead Sea Scrolls", in : *Zeitschrift für Religion und Geistesgeschichte*, 9, 1957, p. 23.

[23] Cf. K. BEYSCHLAG, *Simon Magus und die christliche Gnosis*, Tübingen, 1976, pp. 102-105, - suivi par A. WEISER, *Die Apostelgeschichte*, Vol. 1, Güterslöh/Würzburg, 1981, p. 202.

[24] Cf. B. WILDHABER, *Paganisme populaire et prédication apostolique, d'après l'exégèse de quelques séquences des Actes*, Genève, 1987, p. 51.

[25] Cf. K. BEYSCHLAG, *Simon Magus*, p. 112.

[26] Cf. B. WILDHABER, *Paganisme populaire*, p. 17: "Au vrai, la littérature occulte forme à l'époque, dans une certaine mesure, les souterrains du syncrétisme : cultes et traditions, de quelque haute provenance qu'on puisse les gratifier, se retrouvent confondus en une même déliquescence : polythéisme grec,

Terminons en mentionnant un article récent, celui de D.J.M. DERRETT sur Actes 8.[27] L'auteur propose également de voir dans le Simon historique un *"peripatetic practitioner in the occult"* (p. 53). Mais cet auteur ne s'arrête pas là et risque une hypothèse sur le type de magie qu'aurait pratiqué Simon : *"spirit-possession and speaking in trance with the deity's/demon's voice"* (*ibid.*). Le seul don qui lui aurait manqué, et qu'il aurait demandé aux apôtres, était : *"the gift of inducing the required trance in others"* (pp. 54-55). Cette lecture quelque peu fantaisiste du récit lucanien a certainement été inspirée à DERRETT par le tableau tendancieux que dresse Irénée des séances prophétiques de Marcus et des ses adeptes,[28] séances que l'hérésiologue s'ingénie à présenter comme de la sorcellerie divinatoire, mais qui n'étaient certainement pas plus "magiques" que celles organisées du temps de Tertullien (IIIème s. ap.) dans sa propre Eglise.[29]

2.2. Une attaque diffamatoire :

D'après E. HAENCHEN,[30] le Simon des Actes est identique à celui que dépeignent certains des Pères de l'Eglise : un gnostique adoré par ses adeptes comme un dieu rédempteur aux côtés d'Hélène/Ennoia. Toutefois, la vraie nature de la religion simonienne ne serait plus perceptible, dans le récit lucanien, qu'à un seul endroit du texte : lorsque les Samaritains acclament Simon comme "la grande puissance de Dieu". Hormis ce maigre vestige, Actes 8 ne contiendrait plus aucun renseignement authentique sur le Simon historique. HAENCHEN contredit ainsi radicalement CERFAUX,

---

monothéisme juif et mysticismes orientaux semblent à cet égard communiquer par un seul égoût".

[27] Cf. D.J.M. DERRETT, "Simon Magus (Acts 8, 9-24)", in : *Zeitschrift für die Neutestamentliche Wissenschaft*, 73, 1982, pp. 52-68.

[28] Cf. Irénée, *Adversus Haereses*, I, 13, 3: "Il est probable que cet homme [Marcus] possède un démon comme esprit familier (*paredros*), démon au moyen duquel il semble capable de prophétiser et qui rend aptes tous ceux qu'il juge dignes de partager sa Grâce de prophétiser eux-mêmes".

[29] Cf. Tertullien, *Lettre IX* (P.L., IV, 259) et le commentaire narquois de H. JANNE, "Une affaire de christianisme sous Néron (65 ap. J.-C.)", in : *L'Antiquité Classique*, 2/1933, pp. 331-356 (p. 335, n. 7).

[30] Les pages de E. HAENCHEN qui nous concernent au premier chef sont les suivantes : "Gab es eine vorchristliche Gnosis?", in : *Zeitschrift für Theologie und Kirche*, 49, 1952, pp. 344-349; *Die Apostelgeschichte*, pp. 250-259; "Simon Magus in der Apostelgeschichte", in : *Gnosis und Neues Testament*, K.W. TRÖGER, Ed., Gütersloh, 1973, pp. 267-280 (p. 275).

quand il affirme que Simon "n'était pas un mage samaritain élevé après coup au rang de rédempteur divin", mais : "un rédempteur divin rabaissé dans la tradition chrétienne au rang d'un simple magicien" (*zum blossen Zauberer degradiert*).[31]

La "tradition chrétienne" inclut bien évidemment Actes 8. L'argument-clef d'E. HAENCHEN repose en partie sur une hypothèse provenant de la critique des sources. Originellement, la tradition concernant Simon n'était pas liée à celle de Philippe et de la mission en Samarie; au moment où il opéra la fusion des deux, confrontant ainsi Simon et Philippe, Luc se vit dans l'obligation de neutraliser le charisme du premier en le présentant comme un vulgaire sorcier devant le second.

Cette théorie générale d'E. HAENCHEN, longtemps tenue pour acquise[32] avant d'être remise en question par K. BEYSCHLAG (voir *supra*, p. 11), présente le même défaut majeur déjà relevé dans la section précédente : elle dépend en grande partie de la tradition patristique pour l'interprétation d'Actes 8. Cette fois-ci, cependant, ce sont les exposés patristiques de la doctrine gnostique de Simon qui sont la base d'une lecture *a posteriori* du récit lucanien.

Il est certes plus prudent d'éviter de lire Actes 8 au travers du prisme des développements ultérieurs qui présentent Simon comme un dieu gnostique et le père de toutes les hérésies. Mais cela ne signifie pas pour autant que la deuxième idée d'E. HAENCHEN, celle d'une "dégradation" délibérée de la figure originelle de Simon en celle d'un magicien, ne puisse être retenue. Quelle qu'ait été la vocation première de Simon, qu'elle ait été ou non celle d'un gnostique, il est fort possible que Luc en ait délibérément noirci le tableau, posant ainsi les fondements d'une diffamation plus complète qui commença avec Justin environ un demi-siècle plus tard.

---

[31] Cf. E. HAENCHEN, "Gab es eine vorchristliche Gnosis ?", in : *Z.Th.K.*, 49, 1952, pp. 316-349 (p. 348); répété dans les mêmes termes in : *Die Apostelgeschichte*, Göttingen, 1967, p. 258.

[32] Sur la dissimulation du gnosticisme de Simon en Actes 8, cf. C.H. TALBERT, *Luke and the Gnostics: An Examination of the Lucan Purpose*, Nashville, 1966, pp. 83-97; - contredit par W.C VAN UNNIK, "Apostelgeschichte und die Häresien", in *Id.*, *Sparsa Collecta*, Leiden, 1973, pp. 402-409.

De même, l'on peut critiquer l'hypothèse que s'approprie HAENCHEN sur les deux sources distinctes fondues par Luc en un seul récit. Cela n'enlève pourtant rien à la justesse de sa remarque sur le contraste que Luc établit entre Philippe et Simon, et la dérive subjective qu'une telle schématisation dut entraîner. En d'autres termes, l'hypothèse de HAENCHEN (celle d'une attaque *ad hominem* contre Simon) reste pleinement valable sans qu'il soit besoin de recourir à l'appui des sources patristiques ou encore aux constructions éminemment risquées de la *Quellenkritik*.

D'après G. LÜDEMANN,[33] un disciple d'E. HAENCHEN, Luc caractériserait Simon comme un *magos* parce que la "méthode consistant à apposer l'estampille de magicien sur les ennemis du christianisme était une méthode d'usage courant" chez les apologètes.[34] LÜDEMANN ne dit pas que l'accusation de magie était courante contre les gnostiques seulement, comme certains ont voulu le comprendre,[35] mais contre les opposants (*"Gegner"*) du christianisme en général. Ceux-ci incluent donc aussi les païens et les juifs. La raison pour laquelle cette remarque, aussi juste soit-elle, a fait long feu auprès de la communauté exégétique, tient à peu de choses : en faisant seulement appel à des matériaux chrétiens du second siècle et plus tardifs encore (Irénée sur l'hérétique Marcus, Actes apocryphes, etc.), LÜDEMANN ne fait que prolonger la tendance à interpréter rétroactivement Actes 8 sur la base de textes plus récents. Son argument gagnerait en force s'il était plus inclusif, s'il prenait en compte que, dans le monde hellénistique, l'accusation de magie et de charlatanisme était loin d'être réservée à l'usage des Chrétiens mais constituait un lieu commun de l'invective traversant toutes les barrières, religieuses ou culturelles.

E. HAENCHEN, de son côté, est plus préoccupé par le substrat gnostique, qu'il voit affleurer en Actes 8, que par la technique qu'y emploie Luc pour appliquer la calomnie. Son hypothèse, selon laquelle la description lucanienne de Simon serait diffamatoire, reste chez lui à l'état d'ébauche. Cette hypothèse mérite cependant d'être développée et formera le point de départ de notre thèse.

---

[33] Cf. G. LÜDEMANN, *Untersuchungen zur simonianischen Gnosis*, Göttingen, 1975, 156 pp.

[34] Cf. G. LÜDEMANN, *op. cit.*, p.41, et nn.12 et 13 (p.121).

[35] Par ex. : F.S. SPENCER, *The Portrait of Philipp in Acts*, Sheffield, 1992, p. 90.

2.3. Un énoncé théologique :

L'ouvrage que Susan R. GARRETT a récemment consacré à la question de la magie et du démoniaque dans l'oeuvre de Luc mérite une considération toute particulière.[36] C'est, en effet, l'étude la plus approfondie qui ait été menée jusqu'à présent sur le sujet. Elle comporte, en plus d'autres séquences exégétiques, une analyse fouillée d'Actes 8.

Le point de départ de la thèse générale de GARRETT se situe en Ac. 13, 10 à l'endroit où Paul traite le "magicien et faux prophète juif" Elymas de "fils du diable" (*huie tou diabolou*).[37] D'après GARRETT, cette démonisation du magicien refléterait un consensus de la tradition juive au premier siècle de notre ère, consensus selon lequel fausse prophétie, magie, divination et idolâtrie seraient attribuées en bloc à l'influence de Satan et de ses démons (pp. 13-17). Les textes qu'invoque l'auteur pour appuyer son propos, et que nous examinerons plus bas un à un, sont : *Jubilés* 48, 9-11; *Écrit de Damas* 5, 17b-19; le 11ème Précepte du *Pasteur* d'Hermas, et le *Martyre d'Isaïe*, une section jugée plus ancienne de l'*Ascension d'Isaïe*.

D'après GARRETT, Luc partagerait entièrement ce point de vue et l'inscrirait dans son propre projet théologique pour montrer la victoire du Christ sur les forces magico-démoniaques. D'où la généralisation qu'opère notre auteur :

"Luc considère apparemment Satan comme le pouvoir invisible, présent derrière toute opération magique" (p. 36 - trad.).

Sur la base de ce postulat, dont nous allons voir combien il est fragile et réducteur, GARRETT entreprend de relire les deux autres textes des Actes ayant trait à la magie (Ac. 8, 9-25; Ac. 13, 6-12) comme autant de dénonciations de l'activité diabolique.

---

[36] Cf. Susan R. GARRETT, *The Demise of the Devil: Magic and the Demonic in Luke's Writings*, Minneapolis, 1989, 179 pp.

[37] Ac. 13, 10 forme la pierre angulaire de la thèse de GARRETT, comme le montre l'un de ses articles publié peu avant la parution de son ouvrage : "Light on a Dark Subject and Vice Versa: Magic and Magicians in the New Testament", in : *Religion, Science and Magic: In Concert and in Conflict*, J. NEUSNER, Ed., New York - Oxford, 1989, pp. 153-160.

L'exégèse que donne GARRETT d'Actes 8 (pp. 61-78) repose intégralement sur son présupposé initial, selon lequel toute forme de magie est essentiellement démoniaque dans l'esprit de l'auteur des Actes. Cela la conduit nécessairement à tenter de prouver que Simon est bien décrit comme un suppôt de Satan et non comme un simple charlatan. GARRETT se heurte pourtant d'emblée à un obstacle d'envergure. Actes 8 ne contient, en effet, aucun énoncé dénonçant explicitement une quelconque activité démoniaque derrière les miracles de Simon. Confrontée à cette absence totale de données immédiates, l'auteur se voit contrainte de dépenser des trésors d'ingéniosité pour démontrer indirectement que :

"Luc s'efforce de dépeindre Simon de manière à ce que ses lecteurs reconnaissent le magicien comme une figure satanique" (p. 75).

Les principales touches sataniques dont Luc aurait parsemé son récit seraient au nombre de quatre : la première apparaîtrait lorsque Simon commet le péché suprême d'accepter sa déification (8, 10); la deuxième dans son offre d'achat de l'Esprit aux apôtres (8, 19); la troisième dans certaines expressions qu'emploie Pierre pour maudire le magicien (8, 20-23); la quatrième, enfin, dans une réaction pitoyable de Simon "conservée" par certains manuscrits (*ad* 8, 24).

Pour réfuter correctement la thèse de GARRETT, et avant même d'examiner chacun de ses quatre arguments, il faut reprendre sa démonstration à son fondement. Tout d'abord, les textes choisis par l'auteur pour étayer son hypothèse d'une démonisation unilatérale de la magie dans les milieux juifs contemporains des Actes ne prouvent absolument rien. Les deux sections des *Jubilés* et de l'*Écrit de Damas*, dont sont tirés les extraits cités, ne font que relire l'histoire de l'Exode en démonisant systématiquement tous les obstacles dressés sur le chemin de Moïse. Les magiciens de Pharaon n'y sont que l'un des instruments qu'utilise le diable pour contrecarrer le plan de salut divin. Si donc il y a démonisation des sorciers, celle-ci n'est en rien l'expression d'une doctrine courante à l'époque. Elle n'est que la conséquence de l'application systématique d'une grille d'interprétation démonologique sur le texte biblique. Il en va de même pour le passage du *Martyre d'Isaïe*.[38] Quant au *Pasteur* d'Hermas, il n'y est

---

[38] Le fragment de l'*Ascension d'Isaïe*, conventionnellement désigné sous le nom de *Martyre d'Isaïe*, pourrait avoir été composé dès le Ier s. av. J.-C. (cf. M.A. KNIBB, in : *The Old Testament Pseudepigrapha*, Vol. 2, J.H. CHARLESWORTH, Ed., Garden City, N.Y., 1983, pp. 143-176). Le texte qu'utilise Garrett est un

question que de fausse prophétie, non de magie, et il est risqué de présnter au même niveau que les trois textes précédents un ouvrage chrétien à la doctrine si particulière, même s'il est communément daté du début du second siècle. Il est encore plus risqué de baser un argument si important sur un texte chrétien postérieur aux Actes des Apôtres, car, en dernière instance, c'est bien au livre des Actes que GARRETT veut en venir au travers de ce détour textuel.

Notre auteur mélange en fait deux types distincts d'accusations : l'accusation de magie et celle de collusion démoniaque. La fusion des deux n'apparaît pas *stricto sensu* avant le milieu du second siècle, en commençant par Justin, puis Irénée et Clément d'Alexandrie, pour culminer ensuite chez les pères des troisième et quatrième siècles. Même les écrits des Pères apostoliques, pourtant datés entre les Actes et Justin, ne présentent aucune connexion directe, explicite et nécessaire entre le diable et la magie. La sorcellerie n'y est qu'un péché parmi d'autres.[39]

L'apostrophe de Paul à Elymas en Actes 13 ("Fils du diable !") ressemble plus à une insulte qu'à un énoncé théologique essentiel pour la compréhension de la diabologie lucanienne. Luc ne fait somme toute que mettre le doigt sur l'origine démoniaque du péché d'Elymas, lequel tient à l'opposition à la parole de Dieu et non à la magie en soi. Inversement, ce n'est pas parce qu'Ananias a subi, selon Pierre, l'influence de Satan lorsqu'il décida de "mentir à l'Esprit saint" (Ac. 5, 3) qu'il est forcément un magicien, un idolâtre et un faux prophète; or c'est bien à ce genre de

---

midrash de 2 Rois 21, 6 (2 Chr. 33, 6), épisode qui relate comment le roi Manassé se tourna vers l'idolâtrie, la magie et "toutes les actions que le Seigneur regarde come mauvaises". Le *Martyre* attribue la responsabilité de la persécution d'Isaïe au diable (Mastéma, Beliar, etc.), lequel utilise ensuite Manassé pour tuer le prophète. C'est pourquoi, aux péchés du roi que mentionne le livre des Rois (idolâtrie, magie, divination), le *Martyre* rajoute "la fornication, l'adultère et la persécution des justes" (2, 5). En somme, le diable est tenu pour responsable de l'ensemble des péchés de Manassé, pris comme un tout. La magie n'est démonisée qu'incidemment, parce qu'elle apparaissait dans le texte biblique comme l'un des péchés du roi dont il fallait faire un persécuteur manipulé par Béliar.

[39] Cf. F.C.R. THEE, *Julius Africanus and the Early Christian View of Magic*, Tübingen, 1984, pp. 323-324.

conclusions absurdes que mène cette thèse. A force de considérer Satan et les démons d'une part, idolâtrie, magie, etc., d'autre part, comme un ensemble de concept interchangeables,[40] GARRETT en arrive inévitablement à des schématisations outrancières.[41] Entre autres choses, dire de la démonisation d'Elymas en Actes 13 qu'elle s'applique à tous les autres magiciens des Actes, constitue une généralisation abusive.

Examinons maintenant un à un les arguments mis en avant par GARRETT pour déceler l'ombre de Satan derrière Simon en Actes 8 :

a) L'acclamation des Samaritains montrerait que le magicien accepte les honneurs divins et favorise une attitude idolâtre à son endroit. En prétendant être adoré à l'égal d'un dieu, Simon réitérerait le péché de Satan au désert (Lc. 4, 6-7). Là encore, l'on peut démonter l'argument par l'absurde, sans même avoir à insister sur l'absence de ressemblances linguistiques entre les deux épisodes. Car, si ce rapprochement était fondé, tous les personnages de Luc-Actes qui se prennent pour des dieux devraient aussi être dépeints par Luc comme des suppôts de Satan. Or, on ne voit pas qu'Hérode soit dépeint comme une figure satanique pour avoir reçu l'acclamation divine de ses sujets (Ac. 12, 22). Il n'est pas dit non plus des apôtres qu'ils subissent une tentation diabolique lorsque les habitants de Lystres les saluent comme des divinités descendues sur terre et veulent leur offrir des sacrifices (Ac. 14,11-13).

b) Comme dans son premier argument, l'auteur se base à nouveau sur le récit de la tentation tel que Luc le reprend de sa source commune avec Matthieu. L'offre d'argent pour l'Esprit serait, selon GARRETT, "quintessentially satanic" car, comme Satan en Luc 4, 6, le magicien exprimerait ici le souhait de s'approprier et surtout de dispenser une autorité (*exousia*) qui n'appartiendrait de droit qu'aux serviteurs de Dieu (p. 72). Une fois de plus, l'on a du mal à percevoir ici quel rapport il peut y avoir entre le Simon des Actes et le diable des tentations. Dans sa comparaison,

---

[40] Parmi les recensions de l'ouvrage de GARRETT, seule celle de A.C. MITCHELL (*Theological Studies*, 51, 1990, p. 558) relève ce problème. Les autres recensions acceptent trop facilement, me semble-t-il, la méthode et la thèse de l'ouvrage : cf. R.I. PERVO, in : *Journal of Biblical Literature*, 110, 1991, pp. 532-534; C.H. TALBERT, in : *Catholic Biblical Quarterly*, 53, 1991, pp. 495-496.

[41] Particulièrement visibles dans son exégèse de Luc 10, 19: "From Luke's perspective there would be no contradiction in understanding Jesus' remark at 10: 19 as a promise that magic could not prevail, because by Luke's definition "magic" is satanic power actualized" (p. 60).

l'auteur néglige plusieurs différences majeures. Le diable n'usurpe en rien son "pouvoir" sur les "royaumes de ce monde"; Luc 4, 6-7 ne fait que reprendre la croyance juive exprimée par la source *Q*, croyance selon laquelle Dieu aurait accordé à Satan la domination sur les nations païennes.[42] En demandant à Jésus de l'adorer, le diable ne veut pas se faire passer pour Dieu : il réclame seulement la dévotion qui lui est due en tant que "dieu de ce monde" (2 Cor. 4, 4) et patron de l'idolâtrie. Il est donc erroné de tenir pour équivalents l'autorité politique de Satan et le pouvoir spirituel que confère l'aptitude à donner l'Esprit par l'imposition des mains. De plus, s'il y a tentation des apôtres en Actes 8, c'est au travers d'une offre en numéraires qu'elle s'exprime, non par l'offre d'une domination à échelle planétaire.

c) Le magicien ne s'étant pas sincèrement repenti, l'apôtre Pierre le maudit dans les termes les plus violents (Ac. 8, 20-23). Parmi ces termes figure *apôleia* (destruction, anéantissement) que GARRETT comprend comme la destruction éternelle lors du jugement dernier. Ceci lui permet d'introduire le logion conservé par Matthieu seul en 25, 41 ("Allez loin de moi, maudits, dans le feu éternel qui a été préparé pour le diable et ses anges"), et de sous-entendre ainsi que Simon partagera le châtiment de Satan, son maître (p. 71). Cette interprétation doit cependant être écartée, dès lors que l'on rejette l'interprétation d'*apôleia* comme une référence à l'anéantissement de l'impie au jugement dernier.[43] Selon toute vraisemblance, le terme fait référence au châtiment corporel dont Simon n'aurait pas manqué d'être frappé s'il n'avait demandé l'intercession de la prière des apôtres (cf. l'aveuglement d'Elymas en Ac. 13, 11 après la malédiction de Paul; la mort d'Ananias après la prophétie de Pierre en Ac. 5, et la punition physique des exorcistes en Ac. 19, 16).

Outre l'*apôleia* réservée aux agents sataniques, un deuxième indice de la démonisation du magicien serait l'expression *cholê pikrias* - "l'amertume du fiel" (v. 23), une allusion supposée à *LXX* Dt. 29,17 (*TM* 29, 18), texte contenant une malédiction contre ceux qui désobéissent à l'alliance pour pratiquer l'idolâtrie. Or, soutient GARRETT, la nature même

---

[42] Cf. J. DUPONT, *Les tentations de Jésus au désert*, Bruges, 1968, p. 58.

[43] Cf. A. OEPKE, Art. "*apôleia*", in : *Th.W.N.T.*, Vol. I, Stuttgart, 1933, pp. 395-396, selon lequel *apôleia* en Ac. 8, 20 n'a pas la même connotation théologique ("destruction éternelle") qu'en Mt. 7, 13, Rom. 9, 22, Phil. 1, 28; 3, 19.

de l'idolâtrie étant de rendre un culte à des démons sous le nom de dieux, il est permis de conclure que "l'amertume du fiel" désigne Simon comme un adorateur du malin. Une autre expression propre à véhiculer ces senteurs de souffre serait le "lien d'iniquité" du v. 23, une référence possible à Is. 58, 6.

Si l'on décompose le raisonnement de l'auteur (pp. 71-72), l'on obtient le syllogisme suivant : Luc utilise d'autres expressions tirées de ce verset d'Isaïe pour décrire les exorcismes et les guérisons de Jésus en Lc. 4, 18-19; or, Luc présente les miracles de Jésus comme une libération de l'emprise de Satan (Ac. 10, 38); donc, lorsque Pierre dit à Simon qu'il est dans le "lien de l'iniquité", il ferait référence à Is. 58, 6 et Ac. 10, 38, le tout pour sous-entendre que le magicien n'est pas encore libéré du joug satanique. La méthode choisie ici par GARRETT pose plus de problèmes qu'elle n'en résout : ainsi, le fait que Luc employe des expressions tirées de la Septante ne signifie pas forcément qu'il fasse référence au passage intégral dont il s'inspire. En outre, l'auteur emprunte trop d'étapes, trop de détours pour être entièrement convaincante. Pour la suivre dans son raisonnement, il faudrait admettre que les versets tirés de la Septante, de l'Evangile de Luc et des Actes, puissent être placés au même niveau et s'éclairer mutuellement sans qu'il soit besoin d'évaluer leur poids respectif.

d) Pour son quatrième et dernier argument, GARRETT fait appel à une variante occidentale du texte d'Ac. 8, 24 qui décrit Simon fondant en larmes après la malédiction de Pierre. Ce tableau du pécheur vaincu, soumis et sanglotant serait à rapprocher du *Testament de Job* (chap. 27), un passage où le diable, incapable d'amener Job à maudire son créateur, pleure de honte et de rage en quittant la scène (p. 73). Le parallèle est des plus ténus : en effet, nulle part dans le *Testament* Satan ne propose d'argent à Job et ne vient implorer son pardon.

Si nous avons tant insisté sur la thèse de GARRETT, c'est parce qu'elle systématise une opinion déjà répandue chez les exégètes avant elle. L'équivalence absolue entre magie et forces démoniaques dans l'esprit de Luc était, avant que cet auteur ne l'expose comme une thèse, un acquis presque indiscutable. Ainsi, dans son commentaire des Actes, E. HAENCHEN pense pouvoir restituer de la sorte l'intention théologique de Luc en Ac. 8, 5-25 :

"Die Überlegenheit der christlichen Wunder über das Zauberwesen der Umwelt zu veranschaulischen und den Gegensatz von Gottesmacht und *dämonischer* Zauberei aufzuzeigen".[44]

Cette interprétation d'Actes 8 repose en fait sur une lecture excessivement apocalyptique de la démonologie de Luc-Actes.[45] L'opposition à échelle cosmique entre le paganisme démoniaque et la doctrine du Christ apparaît, il est vrai, en certains endroits de l'ouvrage (cf. Ac. 26, 18), mais elle n'en constitue ni le fil conducteur ni le concept-clef. Et en aucun endroit de son oeuvre, Luc n'identifie explicitement paganisme, influence démoniaque et sorcellerie. L'acharnement des exégètes à vouloir déceler chez Luc ce qui ne s'y trouve manifestement pas[46] procède de l'anachronisme déjà relevé plus haut. L'on voudrait à tout prix que, chez Luc déjà, la fusion entre l'accusation de magie et celle de collusion démoniaque se soit entièrement opérée. Pour ne s'en tenir qu'à Actes 8, il est frappant de constater comment GARRETT ne peut s'empêcher de lire le texte de Luc à la lumière des textes

---

[44] E. HAENCHEN, *Die Apostelgeschichte*, Göttingen, 1968[6], p. 258 : "illustrer la suprématie des miracles chrétiens sur les pratiques magiques du monde ambiant et montrer l'opposition entre la puissance divine et la magie démoniaque" (trad.).

[45] Les diverses tentatives de systématisation de la diabologie / démonologie lucanienne ne parviennent à aucun résultat décisif : H. CONZELMANN, *The Theology of St. Luke (Die Mitte der Zeit)*, London, 1982, pp. 156-157; G. BAUMBACH, *Das Verständnis des Bösen in den synoptischen Evangelien*, Berlin, 1963, pp. 122 ss.; M. LIMBECK, "Satan und das Böse im Neuen Testament", in : *Teufelsglaube*, H. HAAG, Ed., Tübingen, 1974, pp. 334-345; J.A. FITZMEYER, "Satan and Demons in Luke-Acts", in : *Id.*, *Luke the Theologian*, New York, 1989, pp. 146-174; E. LANGTON, *La démonologie. - Étude de la doctrine juive et chrétienne*, Paris, 1951, pp. 183-192.

[46] Voir par exemple S. BROWN, *Apostasy and Perseverance in the Theology of Luke*, Rome, 1969, pp. 112-113, qui s'étonne de ne pas trouver dans l'apostrophe de Pierre à Simon une référence à Satan identique à celle que contient la malédiction d'Ananias en Ac. 5, 3. La solution, selon cet auteur, est des plus simples : la figure de Satan jouerait en Ac. 8 un rôle non seulement implicite, mais trop évident même pour qu'elle soit mentionnée. N'ayant pas encore reçu l'imposition des mains qui le ferait entrer définitivement dans la communauté chrétienne, Simon se trouverait encore sous l'emprise que Satan exerce sur les non-convertis. Pour Ananias et Saphira, au contraire, Luc précise qu'ils ont été tentés par le diable puisque, théoriquement, tout baptisé auquel l'on a imposé les mains est hors de portée de la domination satanique.

patristiques : toutes les caractéristiques sataniques ou démoniaques qu'elle attribue au magicien des Actes canoniques sont, soit explicitement appliquées à Simon dans Justin et les Actes du second siècle, soit relèvent de développements doctrinaux beaucoup plus tardifs.[47]

Si la mention de la magie a une fonction théologique en Actes 8, ce n'est pas, ainsi que l'entend GARRETT, parce qu'elle renvoie à une missiologie apocalyptique rapportant les progrès de l'Evangile sur les forces conjuguées du paganisme et de la sorcellerie menées par un Satan déjà vaincu et prêt à être anéanti. En Actes 8, la magie sert seulement à Luc à définir négativement sa pneumatologie : l'Esprit est, contrairement à un pouvoir ou une formule magiques, ce qui ne s'achète pas.[48]

Pour conclure ce laborieux mais nécessaire parcours à travers l'ouvrage de GARRETT, qu'il nous soit permis d'anticiper sur l'hypothèse que nous développerons plus bas. Puisqu'il est clair que Luc ne présente pas la magie simonienne comme une entreprise satanique et démoniaque, il est fort possible que la stigmatisation lucanienne de Simon en tant que magicien s'effectue selon d'autres critères et d'autres stéréotypes, beaucoup plus répandus à l'époque hellénistique. C'est bien dans cette optique historique qu'il nous faudra aborder Actes 8.

2.4. Un procédé apologétique :

H. CONZELMANN résume l'objectif de Luc en Actes 8 en ces termes : *"Abgrenzung von Wunder und Magie"*.[49] Pour S.R. GARRETT également, suivie par F.S. SPENCER, les trois textes des Actes ayant trait à la magie et

---

[47] Miracles de Simon comme démoniaques, illusoires et vains (GARRETT, *op. cit.*, p. 102) : voir *Ac.P.*, 31 (cf. Justin, *1ère Apol.*, 56 et *Dial.* 79, 4); Simon comme "serviteur" du diable (*loc. cit.*, p. 75), son "maître" (p. 72): voir *Ac.P.*, 16 et 28, ainsi que toute la tradition chrétienne du pacte satanique développée à partir d'Augustin (*Civ. Dei*, II, 23); Simon comme partageant la punition eschatologique de Satan (*ibid.*, p. 71) : voir *Ac.P.*, 28; Simon comme incarnation de Satan : voir le parallèle entre Simon et Satan en *Ac.P.*, 5 et 6.
[48] Cf. la thèse développée par C.K. BARRETT, "Light on the Holy Spirit from Simon Magus (Acts 8, 4-25)", in : *Les Actes des Apôtres. Traditions, rédactions, théologie*, J. KREMER, Ed., Gembloux - Louvain, 1979, pp. 281-295.
[49] H. CONZELMANN, *Die Apostelgeschichte*, HNT, Vol. 7, Tübingen, 1972², p. 62.

aux magiciens (Actes, chaps. 8, 13 et 19) ne remplissent pas seulement une fonction théologico-démonologique, mais servent également un programme apologétique. Ainsi, en confrontant Philippe et Pierre à Simon, en montrant comment les Chrétiens diffèrent du magicien, Luc souhaiterait distinguer les miracles chrétiens de ceux de la magie. L'épisode d'Actes 8, entre autres récits, servirait à réfuter les accusations de magie qui auraient circulé contre les Chrétiens à l'époque de Luc.[50]

Mais les rumeurs de magie contre les Chrétiens, contre Jésus et les apôtres, étaient-elles donc si importantes à la fin du premier siècle que Luc ait senti le besoin de les réfuter ? Si l'on étudie les textes non-chrétiens contenant des accusations contre l'Eglise naissante, l'on remarque d'emblée que le crime de magie n'y occupe pas la place centrale : ce sont les assemblées nocturnes, la débauche, les crimes rituels qui leur sont reprochés en premier lieu.[51] Le seul indice que nous ayons provient d'un texte de Suétone qui qualifie le mouvement de *"superstitio malefica"*,[52] mais là aussi l'ambiguïté du qualificatif *maleficus* en latin ("malfaisant", "magique") laisse place au doute.

Certains critiques ont attribué la "persécution" des Chrétiens sous Néron (64/65 ap. J.-C.) à des accusations de magie, comme si celle d'incendie criminel ne suffisait pas ![53] D'autres ont scruté les sources talmudiques pour en extraire des accusations de magie contre Jésus et les Chrétiens qui remonteraient au Ier siècle [54] : face à une littérature si composite et si difficilement datable, plus de prudence eût été de mise. D'autres, enfin, ont examiné les synoptiques pour y repérer des accusations

---

[50] Cf. S.R. GARRETT, *The Demise of the Devil*, 1989, pp.103-106; F.S. SPENCER, *The Portrait of Philip ...*, 1992, pp. 98-103; D.E. AUNE, *The New Testament and Its Literary Environment*, Philadelphia, 1987, p. 56.

[51] Cf. Tacite, *Annales*, XV, 44, 3-8 et Pline (le jeune), *Lettres*, X, 96 (à Trajan).

[52] Cf. Suétone, *Vie de Néron*, 16, 2.

[53] Cf. W.M. RAMSAY, *The Church in the Roman Empire before A.D. 170*, London, 1913[10], pp. 236-237; - contredit par L. CEZARD, *Histoire juridique des persécutions contre les Chrétiens de Néron à Septime Sévère (64 à 202)*, Paris, 1911, pp. 9-10.

[54] Cf. M. SMITH, *Jesus the Magician*, San Francisco, 1978, pp. 47-49.

de magie censées refléter les calomnies courantes contre Jésus de son vivant :[55] là encore, il n'a pas été possible d'obtenir un résultat assuré.

Venons-en à des sources *explicites* et datables : chez les apologètes du second siècle,[56] l'accusation de magie contre Jésus est connue mais ceux-ci ne déploient aucun effort particulier pour la réfuter. D'autres reproches, plus urgents, demandent à être contrés : sédition, désobéissance civile, athéisme, etc. Ce n'est que tard dans le second siècle, avec les accusations précises énoncées par Celse (178 ap. J.-C.), que les Pères de l'Eglise commencent à prendre l'accusation de magie au sérieux et en font un thème de débat : Irénée prendra la défense des miracles de l'Eglise, puis Origène au troisième et Eusèbe au quatrième siècles.

La théorie d'une apologétique anti-magique dans les Synoptiques et les Actes semble donc pécher par défaut de chronologie adéquate, transposant sur des ouvrages de la fin du Ier s. les débats et les controverses qui n'apparaîtront qu'un siècle plus tard. Comme si les Actes avaient dû répondre à une question qui, somme toute, ne s'était pas encore posée. Le fait qu'Irénée détourne les accusations de magie portées contre les Chrétiens en général sur certains groupes hérétiques (Marcosiens, Basilidiens, etc.) ne veut pas dire que Luc fasse de même en prenant Simon, Bar Jésus (Ac. 13) ou les exorcistes juifs (Ac. 19) pour boucs émissaires.

Cette théorie ne résiste pas non plus à un examen serré du livre des Actes dans son entier. Car, si Luc avait voulu défendre les apôtres, et les Chrétiens avec eux, contre des accusations de magie, comment se fait-il qu'il n'ait pas une seule fois mentionné ces dernières ? Les seuls reproches que les Juifs adressent aux Chrétiens dans les Actes sont ceux de sédition, de blasphème, de violation de la loi juive, etc. (6, 12; 17, 6-7; 18, 13; 19,

---

[55] Cf. S. EITREM, "Die Versuchung Christi", in : *Norsk Teologisk Tidsskrift*, 25, 1924, pp. 3-23; A. FRIDRICHSEN, *Le problème du miracle dans le Christianisme primitif*, Strasbourg, 1925, 126 pp.; P. SAMAIN, "L'accusation de magie contre le Christ dans les évangiles", in : *Ephemerides Theologicae Lovaniensis*, 15, 1938, pp. 449-490; C. H. KRAELING, "Was Jesus accused of Necromancy ?", in : *Journal of Biblical Literature*, 59, 1940, pp. 147-157; ou, plus récemment, J.H. NEYREY - B. J. MALINA, "Jesus the Witch: Witchcraft Accusations in Matthew 12", in : *Calling Jesus Names: The Social Value of Labels in Matthew*, Sonoma, Calif., 1988, pp. 3-32.

[56] Cf. Justin Martyr, *1ère Apologie*, 30; Tertullien, *Apologétique*, 23, 12.

25-27; 21, 28; 24, 5-6).[57] Même les accusations placées dans la bouche de païens (16, 20-21; 19, 25-27) ne contiennent rien qui puisse évoquer la magie. Quant aux plaidoiries *pro domo* prononcées par Paul (22, 1-21; 24, 10-21), elle répondent à toutes sortes de plaintes sauf à celle de magie.

Le procédé de base de l'apologétique anti-magique en contexte narratif, celui qui consiste à placer l'accusation de magie dans la bouche d'un adversaire pour permettre à l'accusé de se défendre dans un discours argumenté, est totalement absent du texte des Actes. Cette technique était pourtant connue au premier siècle puisque Flavius Josèphe l'utilise pour défendre Moïse contre des rumeurs de sorcellerie.[58] Dans les Actes apocryphes des apôtres, dont les plus anciens (*Actes de Pierre*) remontent au deuxième siècle, il est fait un usage si abondant de ce procédé que la visée apologétique de ces textes ne fait aucun doute.[59] Mais faut-il pour autant transposer sur les Actes canoniques une tendance qui ne devient apparente qu'avec les Actes apocryphes ?

La théorie d'une apologétique cryptée ou implicite dans les Actes est seulement plausible : il n'existe aucun argument qui puisse soit la confirmer, soit l'infirmer de manière décisive. Dans un précédent travail, nous avons consacré plusieurs pages à vérifier la valeur de cette hypothèse en Actes, chaps. 13, 16 et 19.[60] Avec le recul, nous réalisons maintenant que ce que nous avons tenté était herméneutiquement trop risqué pour donner des résultats valables. En effet, même si l'on prend pour but de

---

[57] L'on a voulu voir dans la question posée par les membres du Sanhédrin en Ac. 4, 7b une référence à des pouvoirs occultes qu'utiliseraient les apôtres pour opérer des miracles: "A quelle puissance ou à quel nom avez-vous eu recours pour faire cela ?". Il ne faut y voir, cependant, qu'une question rhétorique attribuée aux Juifs par Luc pour préparer la réponse de Pierre (Ac. 4, 9-12): c'est par la puissance et par le nom de Jésus que les apôtres ont réalisé le miracle de guérison.

[58] Flavius Josèphe, *Antiquités juives*, II, 284-287.

[59] Cf. G. POUPON, "L'accusation de magie dans les actes apocryhes", in : *Les actes apocryphes des apôtres: Christianisme et monde païen*, F. BOVON, Ed., Genève, 1981, pp. 71-85.

[60] Cf. Fl. HEINTZ, *Trois études préliminaires: Actes 13, 6-12; 16, 16-19; 19, 11-20, pour servir à l'élucidation des rapports entre pratiques magiques et monde démoniaque dans le Christianisme primitif*, Mémoire de Spécialisation, Université de Genève, 1991 (sous la direction du Prof. Fr. BOVON - inédit).

repérer les effets apologétiques dans le texte de Luc, on finit par vouloir les chercher là où ils ne se trouvent manifestement pas. Et l'on risque de devenir soi-même plus apologète que l'auteur que l'on étudie, palliant ses manques, remplissant ses silences, en ayant en tête les arguments apologétiques développés par la tradition chrétienne ultérieure.

La récente controverse entre J.M. HULL et P.J. ACHTEMEIER permet de saisir là où le bât blesse : le premier auteur, se plaçant du point de vue de l'histoire des religions, affirme que Luc manifeste une prédilection certaine pour le merveilleux et l'irrationnel (démons, visions, prodiges, etc.), en un mot pour la magie.[61] Le second auteur, partisan de l'exégèse historico-critique, réagit violemment et soutient que Luc essaie de tempérer les éléments magiques des miracles en les reformulant dans un cadre théologique.[62] Le problème herméneutique est ici très clair : les deux auteurs modernes confondent surnaturel et magie et, dans leur débat, ne réussissent qu'à prolonger, sur le terrain de la critique historique, un débat ecclésio-apologétique datant des époques de Celse et d'Origène.

Pour conclure, revenons-en aux éléments de base du débat. Luc décrit Simon par opposition à Philippe, et vice versa. Cela signifie donc que l'évangélisation de Philippe est opposée à la magie de Simon. Faut-il généraliser *ipso facto* et en déduire que le contraste vise à distinguer le christianisme de la magie ?

N'est-il pas plus simple et surtout plus prudent de s'en tenir au contraste particulier, lequel sert à distinguer les miracles de la mission chrétienne de ceux que Simon opère et *que Luc qualifie de "magiques"* ? Luc n'a pas voulu confronter la magie démoniaque et les miracles divins dans un conflit cosmique; il a simplement appliqué le terme de magie à ce que faisait Simon, afin de le séparer d'emblée de la mission chrétienne.

---

[61] Cf. J.M. HULL, *Hellenistic Magic and the Synoptic Tradition*, London, 1974, pp. 86 ss. : Luc en tant que : "tradition penetrated by magic".
[62] Cf. P.J. ACHTEMEIER, "The Lucan Perspective on the Miracles of Jesus", in : *Journal of Biblical Literature*, 94, 1975, pp. 547-562 (pp. 556 ss.).

3. Problématique et plan de l'exposé :

Avant de proposer notre solution au problème de la magie simonienne, récapitulons brièvement les résultats de notre parcours dans la recherche contemporaine.

La leçon majeure à tirer de notre enquête est qu'il faut éviter l'anachronisme de lire Actes 8 à la lumière des textes patristiques. Une telle approche conduit en effet à plusieurs types d'erreurs qui concourent toutes à déformer plus ou moins le récit. Elles consistent à transposer sur Actes 8 quatre éléments qui lui sont tout à fait étrangers, provenant des hérésiologues et de la tradition romanesque chrétienne : les accusations circonstanciées de magie portées contre Simon et ses adeptes (cf. CERFAUX); la doctrine gnostique de Simon telle que la décrivent Irénée et Hippolyte (cf. HAENCHEN); l'équivalence entre accusation de magie et celle de collusion démoniaque (cf. GARRETT); l'apologétique visant à neutraliser les accusations de sorcellerie portées contre l'Eglise (cf. GARRETT, SPENCER).

Il est tout à fait possible que le Simon historique ait été un mage, que les deux termes utilisés par Luc (*mageuein*, *mageiai*) puissent effectivement se rapporter à la pratique religieuse de Simon. L'erreur à éviter, dans ce cas, serait cependant de porter un jugement de valeur sur l'occultisme antique en général, jugement qui affecterait notre perception du Simon historique en particulier. Il est également possible que la terminologie magique présente dans le récit ait, dans l'esprit de son auteur, un sens négatif et dépréciatif. Si tel est le cas, soit Luc reproche à Simon de pratiquer la magie, soit il l'en accuse sans aucun fondement.

Quoiqu'il en soit, que Simon ait ou non pratiqué la magie en tant que religion initiatique et doctrine secrète, le ton polémique du récit des Actes indique que nous avons affaire à une *accusation de magie*, et non à un procès-verbal s'attachant à décrire objectivement les croyances de Simon. Ceci permet de replacer la péricope d'Actes 8 dans le contexte de l'invective gréco-romaine. L'accusation de sorcellerie et de charlatanisme portée contre un ou plusieurs prophètes thaumaturges constitue, en effet, un genre polémique extrêmement répandu chez les anciens. Comme beaucoup d'autres personnages charismatiques de l'Antiquité (Moïse, Pythagore, Jésus, Apollonius, etc.), Simon fait l'objet en Actes 8 d'une accusation de magie en bonne et due forme.

Notre objectif sera donc de mettre au jour en Actes 8 les composantes stéréotypées de ce genre d'invective et d'y repérer les techniques diffamatoires quand elles sont encore reconnaissables. En soumettant le texte à une critique serrée et minutieuse, peut-être nous livrera-t-il, par voie d'élimination, des informations valables sur la figure historique de Simon et sur la situation conflictuelle qui a donné lieu au texte. Peut-être sera-t-il possible de montrer dans quelle mesure Actes 8 n'offre finalement qu'une version partisane des faits et qu'il devait exister, avant et/ou pendant la rédaction des Actes, d'autres traditions, orales ou écrites, dans lesquelles la conversion de Simon n'était pas rabaissée au rang d'une simple erreur de parcours ?

Mais avant d'en arriver à l'analyse proprement dite du texte d'Actes 8, il nous faudra emprunter un long détour par la littérature de l'Antiquité gréco-romaine, détour nécessaire car aucune étude d'envergure n'a été, jusqu'à ce jour, consacrée à ce genre polémique que nous avons baptisé, faute de mieux : l'accusation de magie et de charlatanisme ayant pour cible les prophètes thaumaturges.

Après une *Introduction* situant Simon "le magicien" dans la tradition patristique (§ 1) et dans le contexte de la recherche contemporaine (§ 2), nous débuterons par des *Prolégomènes* (Chap. 1), couvrant toutes les généralités nécessaires concernant : la magie dans l'Antiquité, successivement revendiquée et imputée (§ 1.1), l'accusation de magie en général, dans le cadre de l'invective antique, et ses deux modes d'expressions favoris, le propre et le figuré (§ 1.2). Nous concentrerons ensuite notre attention sur les accusations de magie visant les prophètes thaumaturges (§ 1.3), avec remarques théoriques et présentation des sources majeures.

Dans la *deuxième section* (Chap. 2), nous établirons tout d'abord les principes d'une méthode qui devra nous servir à approcher de façon critique les textes d'accusations de magie contre les prophètes et les thaumaturges, surtout lorsque ces textes n'ont aucune contrepartie positive (§ 2.1). Le but de la méthode sera de reconstituer, à partir de l' "acte d'accusation", une version des faits qui soit le plus neutre possible, débarrassée du plus grand nombre de ses distorsions partisanes. Nous illustrerons ensuite notre méthode à l'aide de deux exemples (§ 2.2) : le premier tiré de l'historiographie romaine de langue grecque (Diodore de Sicile), le second de l'historiographie juive de langue grecque (Flavius Josèphe).

Dans une *dernière section* (chap. 3), nous appliquerons à l'analyse d'Actes 8 la même méthode que nous aurons suivie pour Diodore et Josèphe. Ce faisant, d'une part nous prendrons progressivement nos distances par rapport à certaines des interprétations examinées dans l'état de la question (*Introduction*, § 2), et d'autre part, nous développerons les intuitions que d'autres études contiennent en germe. Ainsi, le caractère "historique" de la désignation de Simon comme magicien, tel que le défend CERFAUX (*Introd.*, § 2.1), sera radicalement remis en question, tandis que l'approche "diffamatoire" de HAENCHEN (*Introd.*, § 2.2), une fois débarrassée de son arrière-plan gnostique, sera systématiquement étendue au texte dans son entier. A l'opposé de la thèse centrale de GARRETT (*Introd.*, § 2.3), nous verrons que l'accusation de magie, même dans un texte chrétien comme Actes 8, pouvait encore être portée, à la fin du premier siècle de notre ère, sur la base de l'invective hellénistique traditionnelle, sans que vienne nécessairement s'y ajouter le reproche de collusion avec Satan et les démons. Enfin, nous établirons comment l'accusation de magie portée contre Simon occupe une fonction "apologétique" bien différente de celle que lui prêtent certains critiques (*Introd.*, § 2.4) : loin de servir à défendre les apôtres contre l'accusation de sorcellerie, elle est destinée, par effet de contraste, à la fois à légitimer leur pouvoir de thaumaturges et à établir leur autorité spirituelle.

Chapitre 1 :

LE CONCEPT DE MAGIE DANS L'ANTIQUITÉ

1.   Parler de "magie" dans l'Antiquité requiert d'opérer dès l'abord une distinction fondamentale entre la signification positive et négative que les Anciens accordaient au mot.

1.1. La magie comme objet de revendication :

Mageia désigne tout d'abord la science et les rites des prêtres de Perse sous la forme que leur avait donnée Zoroastre. Pour Platon, la magie de Zoroastre, qui sert aussi à former les héritiers du trône de Perse, est le véritable "culte des dieux" (*therapeia theôn*)[63] et figure parmi les traditions religieuses les plus respectables. Au premier siècle de notre ère, Philon dépend encore de Platon :

> "La vraie magie (*tên alêthen magikên*), la vision scientifique (*epistêmên*) grâce à laquelle les faits de la nature sont présentés sous un jour plus clair, c'est elle que l'on juge vénérable (*semnên*) et digne d'être activement recherchée. Elle est étudiée de près, non seulement par de simples particuliers mais par des rois et parmi eux, par les plus grands, tout spécialement par ceux des Perses".[64]

Le texte de Philon est révélateur du glissement qui a eu lieu depuis Platon. Pour l'érudit alexandrin, la magie est une "science" universelle qui ne se limite plus à une contrée, une culture ou une religion particulière, même si la Perse conserve encore des "droits d'auteur" sur elle.

De fait, tout au long de l'époque hellénistique jusqu'à l'ère impériale, plusieurs cultes en vinrent à se réclamer de cette tradition sacrée et à revendiquer pour leurs ministres le titre de *magoi*. La religion

---

[63] Cf. Platon, *Alcibiade*, 1. 121e, cité par Apulée, *Apologie*, 25.
[64] Philon, *Lois Spéciales*, III, 100; même remarque dans le *Quod Omn. Prob.*, 74.

égyptienne ptolémaïque mentionne des "mages" dans sa hiérarchie[65] et le savoir occulte des mages d'Égypte, lesquels pouvaient eux aussi se réclamer d'une religion plusieurs fois séculaire, était légendaire.[66] Le grade de *magos* se rencontre aussi dans la hiérarchie initiatique des adeptes de Mithra. Pour chacune de ces traditions religieuses, connaître et pratiquer la magie permettait un rapport plus profond et plus immédiat au sacré de même qu'un accès facilité aux arcanes de l'univers. A l'origine de cette identification, il y avait, comme le dit M. Eliade à propos du renouveau de l'occulte à la Renaissance, "la soif d'une religion universaliste, transhistorique et mythique".[67]

Dans le judaïsme également, certains groupes décidèrent de formuler leurs propres croyances en terme de sagesse magique et de scruter de plus près les mystères de la création. L'île de Chypre semble avoir été l'un des centres de ce mouvement au commencement de notre ère.[68] Toujours au premier siècle, l'invitation qu'adresse l'empereur Néron à un groupe de mages arméniens illustre bien le passage de Philon sur l'intérêt que portaient les souverains à cette source de savoir et de pouvoir.[69] Dans une lettre adressée à Néron, le médecin Thessalos détaille la vision qu'il a reçue de son dieu mentor Asclépios grâce aux incantations d'un mage égyptien.[70] Cette fascination pour l'expérience d'une révélation directe

---

[65] Cf. F. CUMONT, *L'Égypte des astrologues*, Bruxelles, 1937, p. 170 : les mages font partie de la religion officielle; ce sont des "thaumaturges bienfaisants", des "sages initiés à des secrets divins". Un autre ouvrage majeur de F. CUMONT, *Les mages hellénisés*, 2 vols., Paris, 1938, explore la diffusion de la magie dans le monde grec.

[66] L'étude classique sur la magie égyptienne, qui recouvre en fait l'ensemble de la magie et de ladémonologie hellénistiques, est celle de Th. HOPFNER, *Griechisch-ägyptischer Offenbarungszauber*, 2 vols., Amsterdam, 1921-1924 : outre les multiples références aux *PGM*, cet ouvrage mentionne quantité de témoignages littéraires.

[67] M. ELIADE, *Occultisme, sorcellerie et modes culturels*, Paris, 1978, p. 77.

[68] Cf. Pline, *Histoire naturelle*, XXX, 2, 11: *tanto recentior est Cypria*. Sur la magie juive en général, voir la bibliographie sommaire donnée par E.D. AUNE, "Magic and Early Christianity", in : *Aufstieg und Niedergang der Römischen Welt*, II, 23, 2, 1980, p. 1520 (n. 52).

[69] Cf. Pline, *Hist. Nat.*, XXX, 5, 14 - 6, 17.

[70] Cf. A.J. FESTUGIÈRE, "L'expérience religieuse du médecin Thessalos", in : *Revue Biblique*, 48, 1939, p. 45-77.

engendra toute une littérature d'invocations conservée dans les papyri magiques grecs.[71] L'équivalent juif, en hébreu, de ces incantations "époptiques", nous a été transmis par des manuscrits médiévaux.[72] Dans la tradition grecque, au troisième et quatrième siècles ap. J.-C., le néo-platonisme réinventera la magie ou théurgie, comme voie d'accès, à la fois philosophique et mystique, au divin.

1.2. La magie comme objet d'imputation :

L'accès direct au monde surnaturel, l'évocation des esprits, la possibilité d'influer sur le cours des astres ou sur les décisions des dieux, la perspective de devenir un avec la divinité, faisaient de la magie dans l'Antiquité une sorte de supra-religion, au-dessus des états, incontrôlable, capable d'opérer des miracles extraordinaires. Toutes ces prétentions la rendaient suspecte à plus d'un et il est intéressant de voir comment Pline l'Ancien voit en elle une supercherie dangereuse, un mensonge radical érigé en vérité ultime.[73] L'attitude de Pline montre combien le concept et le terme même de magie étaient ambigus et volatils et comment, tantôt louée, tantôt méprisée, la magie en est venue à désigner le contraire même de ce qu'elle signifiait en premier lieu, à savoir un mépris absolu pour la religion et l'ordre cosmique. Ceci nous ramène à la suite du texte des *Lois spéciales* de Philon cité plus haut, texte dont la première partie était, rappelons-le, consacrée à la "vraie" magie :

"Mais il existe une contrefaçon (*parakomma*) de celle-ci [*i.e.* la vraie magie], une fraude (*kakotechnia*), pratiquée par des charlatans (*mênagyrtai*), des parasites (*bômolochoi*), la lie de la population féminine et servile. Ceux-ci font leur profession des purifications et des désenvoûtements et promettent, à l'aide de certains philtres (*philtrois*) et incantations (*epôdais*), de transformer l'amour des hommes en hostilité mortelle et leur haine en profonde affection. Les personnes les plus simples et les plus innocentes sont piégées par la duperie (*apatâ*), à tel point que les pires malheurs fondent sur elles et que, par là, le large lien qui unit

---

[71] Collectés par K. PREISENDANZ, *Papyri Graecae Magicae: Die griechischen Zauberpapyri*, 2 vols., Leipzig/Berlin, 1928-1931: [Abrév. : *PGM*].

[72] Cf. P. SCHÄFFER, "Jewish Magic Literature in Late Antiquity and Early Middle Ages", in : *Journal of Jewish Studies*, 41, 1990, pp. 75-91.

[73] Cf. Pline, *Histoire naturelle*, XXX, 1 : *fraudulentissima artium*; 17 : *intestabilem, inritam, inanem*; 19: *vanitas*.

de grandes communautés d'amis et de parents tombe bientôt en ruines et se voit rapidement et silencieusement détruit".[74]

Le mépris de Philon pour la basse extraction des "charlatans" trahit déjà ce que le concept de magie a de subjectif et de relatif. Le fossé se creuse entre une magie aristocratique, bénéfique car cultivée, et une magie populaire, maléfique et menaçante car plébéienne. Parallèlement à son usage laudateur, *magos* finit par désigner, dans l'usage courant, le praticien de la magie noire[75] et s'associe souvent au terme entièrement péjoratif de *goês*.[76]

Parler de magie dans l'Antiquité, c'est aussi faire référence à une activité expressément prohibée par la loi et punie des pires châtiments.[77] Dans le système juridique romain, le crime de magie désignait d'abord le fait de célébrer des rites nocturnes et impies afin d'enchanter, ensorceler ou envoûter un tiers. De même, la divination pratiquée à partir du sang ou des entrailles de victimes humaines sacrifiées dans un lieu sacré, la possession de livres de magie, la confection et l'usage de drogues abortives, de poisons ou de philtres d'amour, étaient également tenus pour criminels par la Loi Cornelia dite : *De Sicariis et Veneficiis*, "sur les assassins et les empoisonneurs", promulguée sous Sylla au crépuscule de la Rome

---

[74] Philon, *Lois spéciales*, III, 101; Philon s'inspire ici de Platon (*Lois*, X, 909b) pour justifier la législation mosaïque ordonnant l'exécution des sorcières (Ex. 22, 18). Même distinction opérée entre vraie et fausse magie chez Héliodore, *Éthiopiques*, III, 16.

[75] Sur l'histoire du mot, cf. A.D. NOCK, "Paul and the Magus", in : J. LAKE - CADBURY, *et alii*, *The Beginnings of Christianity*, Vol. 5/1, 1933, pp. 164-188.

[76] Cf. W. BURKERT, "*GOÊS* : zum griechischen Schamanismus", in : *Rheinisches Museum für Philologie*, 105, 1962, pp. 36-55 : il est cependant inexact que le terme de *goês*, signifiant tout d'abord "magicien" dans la Grèce classique, en soit venu ensuite à désigner seulement un "charlatan" ou un "imposteur". Nombreux sont en effet les textes, de l'ère hellénistique jusqu'à l'Antiquité tardive, qui conservent au label de *goês* son sens de "sorcier" (voir, par exemple, Lucien, *Alexandre*, 5).

[77] Sur la loi romaine contre la magie, cf. E. MASSONNEAU, *Le crime de magie et le droit romain*, Paris, 1934, 270 pp.; R. MacMULLEN, *Enemies of Roman Order: Treason, Unrest and Alienation in the Roman Empire*, Cambridge, Mass., 1966, 370 pp.; - pour l'Antiquité tardive, cf. A. BARB, "The Survival of Magical Arts", in : *The Conflict between Paganism and Christianity in the Fourth Century*, J. MOMIGLIANO, Ed., Oxford, 1963, pp. 100-125.

républicaine.[78] Le fait que la législation romaine considère la magie avant tout comme une activité homicide permet de comprendre la sévérité des châtiments infligés au contrevenant : déportation, mort par les bêtes sauvages, mort par crémation, etc.

Mais penchons-nous un instant sur la signification de ces lois. Leur but n'est pas de réglementer et de punir des pratiques "magiques" en soi, qui existeraient indépendamment de ces lois. Comme nous l'apprend la théorie sociologique dite du "*labeling*", la déviance n'est pas inhérente à l'action ou à l'individu qui la commet; elle n'est que la conséquence de l'imposition collective de sanctions sur cette action ou cet individu.[79] En dernière analyse, c'est l'état, à savoir l'instance législative et pénale, qui crée le magicien, qui définit, en un mot, ce qui doit être tenu ou non pour "magique". C'est encore l'état qui se réserve le droit de déplacer à volonté et selon ses besoins la limite qu'il a lui-même tracée entre le magique et le religieux.

Ainsi la *devotio*, le fait de vouer un tiers aux dieux infernaux, d'attirer délibérément sur lui les pires calamités, est frappée du sceau de "magie" lorsque l'activité en question sert des intérêts individuels, échappe au contrôle de l'état et prend en charge une justice qui n'appartient de droit qu'à ce dernier. Mais le pouvoir, quant à lui, se réserve le droit d'employer exactement le même procédé lorsqu'il s'agit de maudire une ville assiégée après en avoir expulsé ses divinités protectrices.[80] Les accusations de magie sont donc avant tout affaire d'interprétation, ce que A.F. SEGAL résume en ces termes :

> "It served to distinguish between various groups of people from the perspective of the speaker but does not necessarily imply any essential difference in the actions of the participants".[81]

---

[78] Cf. l'épitome du législateur Paulus, *Sententiae*, V, 23, 14-18; commenté par E. MASSONEAU, *Le crime de magie* ..., p. 134.

[79] Cf. H.S. BECKER, *Outsiders: Studies in the Sociology of Deviance*, New York, 1963, p. 9: "Social groups create deviance by making the rules whose infraction constitutes deviance and by applying those rules to particular people and labeling them as outsiders", cité par R. WEISMAN, *Witchcraft, Magic and Religion in 17th-Century Massachusetts*, Amherst, 1984, p. 2.

[80] Sur la *devotio*, voir K. WINKLER, Art."*Devotio*", in: *Realencyclopädie für Antike und Christentum*, Vol. 3, 1957, pp. 844-858.

[81] A.F. SEGAL, "Hellenistic Magic: Some Questions of Definition", in : *Studies in Gnosticism and Hellenistic Religions*, R. Van den BROEK - M.J. VERMASEREN, Eds., Leiden, 1981, pp. 349-375 (p. 369).

Cette approche herméneutique est aujourd'hui largement répandue, comme en témoignent ces lignes de J.G. GAGER :

> "The use of the term "magic" tells us little or nothing about the substance of what is under description. The sentence, "*X is/was a magician !*" tells us nothing about the beliefs and practices of X; the only solid information that can be derived from it concerns the *speaker*'s attitude toward X and their relative social relationship - that X is viewed by the speaker as powerful, peripheral and dangerous".[82]

Dans le cadre de la polémique religieuse à l'époque hellénistique, les accusations de *goêteia* que se lançaient les uns aux autres païens, Juifs et Chrétiens, répondaient à cette fonction discriminatoire : "*to differentiate between the person(s) labeling and the person(s) so labelled*" (S.R. GARRETT, *op. cit.*, p. 4). Les miracles revendiqués par un groupe devenaient magie pour le groupe adverse, et vice versa.[83]

Le caractère éminemment fluctuant du concept de magie dans l'Antiquité apparaît de manière encore plus évidente dans les définitions non plus juridiques, mais "théologiques" que l'on en donnait alors. Dans l'empire romain, au début de notre ère, qui dit magie dit rapport illicite au sacré. La première caractéristique de l'activité magique, selon les auteurs anciens, est qu'elle tente de contraindre les dieux au lieu de les supplier.[84] Ceci permet

---

[82] J. G. GAGER, *Curse Tablets and Binding Spells form the Ancient World*, New York/Oxford, 1992, p. 25.

[83] "*Your magic is my miracle, and vice versa*", une expression de R.M. GRANT, *Gnosticism and Early Christianity*, New York, 1966[2], p. 93, cité par E.R. DODDS, *Pagans and Christians in an Age of Anxiety*, Cambridge, 1965, p. 125 (n. 3).

[84] Cf. Lucain, *Pharsale*, VI, 443-446 : "Les oreilles des hôtes célestes, sourdes à tant de peuples, à tant de nations, se détournent sous l'effet des charmes impies de cette engeance sinistre [celle des sorcières]. Seule cette voix pénètre jusqu'aux retraites de l'Éther et y porte, à la divinité qui s'y refuse, des mots irrésistibles". - De même, dans l'opinion courante rapportée par Apulée, *Apologie*, 26, 6 : "Un mage, c'est à proprement parler quelqu'un qui, entretenant commerce avec les dieux immortels, a le pouvoir d'opérer tout ce qu'il veut par la force mystérieuse de certaines incantations".

de différencier entre la prière, qui n'escompte rien d'autre que la bonne volonté de la divinité, et la formule magique qui prétend provoquer automatiquement une réponse favorable. La magie se distinguerait aussi en ce qu'elle utilise profusion de techniques, d'objets et de substances pour parvenir à ses fins. Enfin, le but du magicien n'est pas celui du fidèle qui ne demande aux dieux que de pouvoir vivre pieusement. Il obéit uniquement aux instincts les plus bas et les avantages les plus mondains : mort des ennemis, richesse, satisfactions sexuelles, etc.

H. REMUS[85] a montré de façon particulièrement convaincante que tous ces critères ne sont "objectifs" qu'en apparence. En effet, à moins de posséder le don de lire dans la pensée d'autrui, il est impossible de déterminer si une formule X est prononcée dans l'espoir d'un résultat assuré ou dans l'attente d'une décision libre de la part de la divinité. Quant aux éléments techniques, c'est leur fonction rituelle et symbolique qui importe avant tout;[86] ils ne sont qualifiés de "magiques" que lorsque le locuteur *veut* y voir des outils de compulsion. Quant aux objectifs visés, nul n'est un pur esprit lorsqu'il s'adresse à la divinité, chacun en attendant des avantages en nature. Au bout du compte, la définition de la magie ne sert qu'à justifier les jugement négatifs que l'on porte sur la religion d'autrui.[87]

2. L'ACCUSATION DE MAGIE DANS LE CADRE DE L'INVECTIVE ANTIQUE

A l'époque hellénistique, le jeune homme désireux d'apprendre la rhétorique, l'art du bien parler et de la persuasion, passait la première partie de son apprentissage à en pratiquer les "exercices préliminaires"

---

[85] Cf. H. REMUS, *Pagan-Christian Conflict over Miracle in the Second Century*, Cambridge, Mass., 1983, pp. 57-72.

[86] Cf. Mary DOUGLAS, *Purity and Danger: An Analysis of the Concepts of Pollution and Taboo*, London/New York, 1966, chap. 4 : "Magic and Miracle", pp. 58-72.

[87] Pour un exemple moderne de ce processus, voir l'article apologétique de J. LEIPOLDT, "Gebet und Zauber", in : *Zeitschrift für Kirchengeschichte*, 54, 1935, pp. 1-11, que l'on peut résumer ainsi : a) la prière païenne gréco-romaine tente de contraindre les dieux, elle est donc entachée de magie; b) la prière juive, dont l'efficacité dépend de formules récitées à la lettre et de conditions matérielles, est également tributaire de la magie; c) la prière de Jésus transcende toute espèce de magie, elle est véritablement religieuse car elle est entière soumission à la volonté du Père.

(*progymnasmata*). L'un de ces exercices, celui de la louange et du blâme (*psogos kai epainos*), consistait, selon les termes de Quintilien :
"à faire l'éloge (*laudare*) des hommes qui se sont illustrés par leurs vertus et à flétrir (*vituperare*) ceux qui se sont déshonorés par leurs vices".[88]

L'intention était de former l'âme de l'élève "par la contemplation du bien et du mal". Ce type d'exercices perdait rapidement de sa teneur morale lorsqu'il s'agissait de louer puis de blâmer successivement le même personnage, que ce soit un héros de l'épopée comme Achille ou de l'histoire comme Philippe de Macédoine.[89] La première phase, le panégyrique (*enkômion*) demandait à ce que soit magnifiés le caractère du sujet, ses actions, ses ancêtres, etc. La seconde phase, l'invective (*oneidê*), consistait à inverser les procédés de la louange et à présenter les mêmes éléments sous un jour peu favorable.[90] Dans les deux cas, il fallait pouvoir manipuler sans scrupules les faits reçus et les tourner, soit à l'avantage soit au désavantage du sujet en question. Le but de l'exercice n'était pas de rapporter la vérité des faits mais de construire une argumentation convaincante. Une bonne illustration du caractère académique de ce procédé se trouve dans la *Vie de Peregrinus* de Lucien : après que Théagénès ait fait l'éloge du philosophe et de sa carrière (4-6), un autre orateur prend la parole et accable de calomnies celui-là même qui venait de faire l'objet de tant de louanges (7-31); la joute s'achève lorsque Théagénès remonte sur le podium et se met à vilipender son concurrent (31).

Lorsque le jeune homme complétait ses quatre ou cinq années de rhétorique et s'engageait dans la vie active, son avancement dans la carrière

---

[88] Quintilien, *Institution oratoire*, II, 4.

[89] Voir les *progymnasmata* de Libanius qui ont survécu (Ed. FOERSTER, Vol. 8, pp. 296 ss.).

[90] Cf. Aristote, *Art de la rhétorique*, I, 9, 15 (§ 1368a): "le blâme se déduit, en effet, des raisons opposées." - Sur l'invective en général, cf. l'ouvrage entier de S. KOSTER, *Die Invektive in der griechischen und römischen Literatur*, in coll. : "Beiträge zur klassischen Philologie", Vol. 99, Meisenheim, 1980, 411 pp., qui définit l'invective comme suit : "Die Invektive ist eine strukturierte literarische Form, deren Ziel es ist, mit allen geeigneten Mitteln eine namentlich genannte Person öffentlich vor dem Hintergrund der jeweils geltenden Werte und Normen als Persönlichkeit herabzusetzen (p. 39)".

qu'il s'était choisie dépendait en grande partie de son habileté à manier les procédés de l'invective. Devenait-il avocat ? il lui fallait maîtriser les ruses de l'accusation.[91] S'orientait-il vers la politique ? la nécessité se ferait rapidement sentir de discréditer ses adversaires. Se tournait-il vers l'art oratoire et la production de discours de circonstance ? son expertise à salir les ennemis de son auditoire était une garantie de réussite. Embrassait-il la carrière des lettres ? s'il était poète ou dramaturge, les portraits-charges de personnages méprisables ou ridicules étaient une composante importante dans la satire ou la comédie.[92] S'il s'engageait dans l'historiographie, il devait pouvoir exprimer ses parti-pris et ses antipathies contre l'un ou l'autre des personnages dont il rapportait les faits et gestes.[93] Dans tous les cas, l'art de "dire du mal" (*kakologein*) de quelqu'un, de le calomnier (*diaballein*) et de l' "insulter" (*blasphêmein*) était un savoir-faire fort prisé et utile en toutes circonstances.

Les lieux communs (*topoi* ou *communes loci*)[94] de l'invective comprenaient des listes d'insultes, des attaques contre le caractère (avarice, gourmandise, débauche, etc.),[95] ainsi qu'une large panoplie de malversations et crimes divers que l'on pouvait imputer à la cible choisie : un tel a détourné des fonds, commis un sacrilège, organisé une conjuration, falsifié des documents, etc. La vérité historique disparaissait ici devant les conventions littéraires de la polémique. Parmi les crimes punis par la loi que l'on pouvait imputer sans craindre de se voir jamais entièrement réfuté, figurait en bonne place celui de magie : "un crime, nous dit Apulée, plus facile à dénoncer qu'à prouver (*facilius infamatur quam probatur*)."[96]

L'invective, cependant, distinguait entre deux types d'accusations de magie. La première, l'accusation de magie à proprement parler, que l'on peut nommer *assertorique*, visait à dénoncer l'usage de la magie, en tant que pratique réelle, chez un particulier ou dans un groupe. La seconde,

---

[91] Pour l'usage de l'invective dans les libelles d'accusation, voir le *In Pisonem* de Cicéron, notamment dans l'édition de R.G.M. NISBET : "The *In Pisonem* as an invective", Oxford, 1972, pp. 192-197.

[92] Voir, par exemple, les *Caractères* de Théophraste.

[93] L'historiographe ancien adaptait souvent des libelles et des anecdotes scandaleuses dans ses annales; il suffit de lire Tacite et Suétone pour s'en rendre compte. - cf. R.G.M. NISBET, *loc. cit.*, p. 193.

[94] Sur les lieux, Quintilien, *Institution Oratoire*, II, 4, mentionne : "l'adultère, la passion du jeu, le libertinage, etc."

[95] Cf. Wilhelm SÜSS, *Ethos*, Leipzig/Berlin, 1910, pp. 245 ss.

[96] Apulée, *Apologia*, 2.

métaphorique cette fois, consistait à comparer la personne, ses faits, gestes et paroles à ceux d'un magicien.

2.1. L'accusation au sens propre :

En règle générale, dans une accusation de magie au sens propre, ce sont les termes techniques de la sorcellerie qui seront employés le plus volontiers : la mention de sortilèges (*mageiai*, *pharmakai*), d'incantations (*epôdai*), de philtres amoureux (*agôgima*, *charitêsia*), de défixions (*katadesmoi*) serviront à signaler que la cible est bien un magicien, au sens propre du terme, à savoir le praticien d'une *technê* malfaisante.

Une célèbre accusation assertorique est celle qui fut portée contre le rhéteur-philosophe-romancier Apulée dans la ville d'Oea en Afrique du Nord, dans la deuxième moitié du IIème s. ap. J.-C. L'acte d'accusation ne nous est pas parvenu, mais il peut être reconstitué à partir de l'*Apologie* qu'aurait prononcée Apulée lui-même lors du procès qui lui fut intenté pour crime de magie.[97] Les raisons principales pour lesquelles Apulée devint la proie de ces accusations sont au nombre de trois.[98] Premièrement, il était un étranger et la méfiance à l'égard du *xenos* se traduit souvent, dans l'Antiquité, par l'application du label de magicien.[99] Deuxièmement, son mariage à une riche veuve, déjà promise à quelqu'un d'autre, créait une tension dans le tissu social de la communauté, exposant Apulée à des soupçons de captation d'héritage et d'ensorcellement. Troisièmement, certaines de ses pratiques de dévotion à une statuette de Mercure, l'intérêt pharmacologique qu'il portait à certaines espèces de poissons, les essais thérapeutiques qu'il entreprenait sur deux jeunes épileptiques, pouvaient être interprétés comme des manipulations magiques.

---

[97] Le commentaire classique de l'*Apologia sive de magia* d'Apulée est celui d'A. ABT, *Die Apologie des Apuleius von Madaura und die antike Zauberei*, Giessen, 1908, pp. 75-345, qui commente le texte du point de vue de l'histoire des religions. - Pour une analyse rhétorique, cf. V. HUNINK, *Apuleius of Madaura, Prose de magia : Apologia. - With a Commentary*, 2 Vols., Amsterdam, 1997.

[98] Nous reprenons ici la division tripartite de H. REMUS, *Pagan-Christian Conflict*, Cambridge, Mass., 1983, pp. 70-71.

[99] Ainsi dans les *Bacchantes* d'Euripide, Dionysos est qualifié de *xenos* et de *goês* à une ligne d'intervalle (233-234).

Il est intéressant de relever comment l'accusation de magie, dans le cas d'Apulée, comme dans beaucoup d'autres cas, greffe sur une trame de faits réels une interprétation entièrement tendancieuse. Le fait qu'il ait pu gagner le coeur de la veuve aussi rapidement ne s'explique, selon ses accusateurs, que parce qu'il a su utiliser des incantations (*carmina*). Sa religiosité pour le dieu Mercure doit être un rite interdit, une *pietas occulta* (61-66). Les poissons qu'il collecte, prétendument par pur intérêt scientifique, sont certainement destinés à produire des *venena*, des poisons et des potions magiques (29). Enfin, le soudain accès d'épilepsie qu'eut un jeune homme à son approche ne s'explique correctemement que si Apulée lui-même l'a ensorcelé par des formules magiques, des noms barbares, etc. (42-43). La distance entre les faits, tels qu'Apulée les décrit, et l'interprétation "magique" qu'en donnent ses adversaires, nous permet de comprendre que l'accusateur de magie a toujours besoin d'une trame de faits authentiques sur laquelle établir sa diffamation.

Un deuxième exemple d'accusation de magie assertorique, beaucoup moins connu que le précédent, nous vient du milieu de la première moitié du second siècle ap. J.-C, soit environ cinquante ans avant la mésaventure d'Apulée. La cible en est Favorinus d'Arles, un rhéteur et philosophe gaulois de langue grecque, élève de Dion Chrysostome et maître d'Hérode Atticus, dont la date de naissance se situe entre 80 et 90 ap. J.-C.[100] Auteur de discours de circonstances, d'opuscules historiques et de traités anti-stoïciens,[101] il était né hermaphrodite et déclamait d'une voix particulièrement aigüe.[102] A un certain moment de sa carrière, Favorinus devint le concurrent d'un autre rhéteur de la seconde sophistique, Polémon de Laodicée (ca. 88-104), citoyen et bienfaiteur de la ville de Smyrne. Les deux hommes composèrent chacun bon nombre de discours d'invectives, aujourd'hui disparus, dans lesquels ils se traînaient mutuellement dans la boue.[103] Les seules traces qui demeurent de ces accusations proviennent

---

[100] La majeure partie des renseignements biographiques sur Favorinus nous viennent de Philostrate, *Vie des Sophistes*, 489-492.

[101] Les fragments des oeuvres de Favorinus on été rassemblés par A. BARIGAZZI, Ed. : Favorino di Arelate, *Opere: Introduzione, Testo Critico e Commento*, in coll. : "Testi Greci e Latini con Commento Filologico", Vol. 4, Firenze, 1966.

[102] Cf. Philostrate, *op. cit.*, 489.

[103] Cf. Philostrate, *op. cit.*, 490-491, attribue cette haine mutuelle à l'esprit de compétition qui régnait alors entre sophistes. Sur la rivalité entre les deux hommes, voir Ludovic LEGRE, *Un philosophe provençal au temps des Antonins*.

d'un traité de physiognomonie[104] écrit par Polémon et conservé seulement dans une version arabe. Dans une section de son ouvrage consacrée aux caractéristiques faciales des eunuques, Polémon accumule contre ceux-ci les stéréotypes dégradants[105] et en profite pour diriger ses traits contre son rival Favorinus. Il le présente, sans le nommer, comme un "eunuque gaulois", comme un débauché aux moeurs efféminées qui dissimulait son activité de sorcier derrière le nom de sophiste. Nous reproduisons ici une version latine moderne de la traduction arabe du texte :

> *"Sophista adpellabatur. Urbes et fora circumibat homines congregans ut malum ostenderet et iniquitatem quaereret. Insuper incantator astutissimus erat et praestigias profitebatur, hominibus praedicans se vivos facere et mortuos; qua re homines adeo inducebat ut multae mulierum et virorum turbae eum adirent. Viris autem persuadebat se posse feminas cogere ut ad eos venirent nec minus ut viri ad feminas (...). Summus in male faciendo doctor erat, letiferorum venenorum colligebat. Ac totius eius ingenii summa in aliqua harum rerum posita erat".*[106]

L'attaque de Polémon, clairement assertorique, attribue à Favorinus le double savoir-faire des magiciens : le pouvoir de vie ou de mort sur tout

---

- *Favorinus d'Arles: sa vie - ses oeuvres - ses contemporains,* Marseille, 1900, pp. 60-73.

[104] L'art d'interpréter le caractère d'une personne par les traits de son visage : cf. J. SCHMID, Art. : "Physiognomik", in : PAULY-WISSOWA, *Realencyclopädie,* Vol. 20, Stuttgart, 1941, col. 1064-1074.

[105] Sur les préjugés populaires contre les eunuques dans l'Antiquité, voir les remarques de G. PETZKE, Art. *"eunouchos, eunouchizô",* in : *Exegetical Dictionary of the New Testament,* Vol. 2, Grand Rapids, 1992, p. 81.

[106] Polémon, *De Physiognomonia* (R. FOERSTER, Ed., *Scriptores physiognomonici graeci et latini,* Leipzig, 1893, Vol. 1, p. 162) : "On l'appelait un sophiste. Il parcourait les villes et les places de marché, rassemblant les gens pour montrer le mal et rechercher l'iniquité. Par-dessus tout, il était un sorcier très habile et promettait des prodiges, prêchant aux gens qu'il avait sur eux pouvoir de vie ou de mort. Grâce à cela, il attirait tant les gens que des foules nombreuses d'hommes et de femmes vinrent à lui. En effet, il persuadait les hommes qu'il était en mesure de forcer les femmes à venir vers eux et vice versa (...). Grand connaisseur en matière de malice, il rassemblait des herbes vénéneuses. Et la plus grande partie de son intelligence, il la consacrait à d'autres choses du même genre" (traduction libre à partir du latin).

individu et la capacité de provoquer l'amour à la demande entre hommes et femmes. Les plantes vénéneuses que récolte Favorinus doivent servir à la préparation de philtres et potions.[107] Polémon ne fait en somme que superposer le portrait du magicien ambulant au rhéteur itinérant qu'était Favorinus. Profitant des similarités extérieures entre les deux métiers (apparitions publiques sur les places de marché, influence sur les foules), Polémon part d'éléments biographiques vérifiables et indiscutés pour les déformer dans le sens qu'il souhaite. Les adversaires d'Apulée ne procèderont pas autrement.

Plus proches de l'époque du Nouveau Testament, les procès de magie menés contre les membres de certaines familles patriciennes de Rome dont l'empereur Tibère voulait se débarrasser sont également des plus instructifs.[108] Là encore, le caractère secondaire de l'accusation est patent. Les empereurs eux-mêmes, le plus souvent après leur mort, n'étaient pas à l'abri des mêmes accusations, comme en témoignent les anecdotes injurieuses que les historiens romains incluent dans leurs annales. Aucune étude n'a, jusqu'à ce jour, été publiée sur le phénomène curieux qui veut que, depuis le premier siècle ap. J.-C. jusqu'à l'époque byzantine, toute une série d'empereurs furent, d'une manière ou d'une autre, accusés d'avoir trempé dans la magie ou l'astrologie. Avant que le christianisme n'apparaisse sur la scène officielle en tant que religion tolérée, nombreux sont les empereurs qui voient leur réputation ainsi entachée.[109] Après que le christianisme eût gagné le soutien de Constantin, Eusèbe de Césarée, en tant que panégyriste officiel de l'empereur, s'empressa de le louer (*epainein*), mais n'oublia pas d'accabler (*psegein*) ses prédécesseurs et concurrents de tous les maux et de tous les vices, y compris du crime de magie.[110] Après sa défaite en 363, Julien l'Apostat fit l'objet des mêmes

---

[107] L'accusation eût été encore plus efficace si Favorinus avait été réputé pour des recherches médicales ou botaniques. Polémon, dans ce cas précis, brode sur du vide, à la différence de Galien, par exemple, qui accuse de sorcellerie un auteur de traités de botanique nommé Pamphile (in Galien, *De simpliciorum medicamentorum temperamentibus ac facultatibus*, 6, Procemium [Ed. KÜHN, Vol. 11, p. 792, lignes 11-16]).

[108] Cf. Tacite, *Annales*, II, 27-31; XVI, 23-35.

[109] Tibère : Tacite, *Annales*, VI, 20-21; Suétone, *Tib.*, 69; Néron : Pline, *Hist. Nat.*, 30, 14-15; Suétone, *Néron*, 34; Caligula : Suétone, *Calig.*, 57; Domitien : Dion Cassius, 67, 4; Héliogabale : Lampride, *Heliog.*, 8 (in *Historia Augusta*); Caracalla : Dion Cassius, 77, 15 et 18; 78, 2.

[110] Eusèbe de Césarée, *Histoire ecclésiastique*, VII, 10, 4 (Valérien); VIII, 14, 5 (Maxence); VIII, 14, 9 (Maximin).

calomnies.[111] Au sixième siècle, à Constantinople, l'impératrice Théodora fut accusée d'avoir ensorcelé son mari, l'empereur Justinien, pour mener l'empire à la ruine.[112]

2.2. L'accusation au sens figuré :

L'accusation de magie au sens figuré consiste à comparer la personne, les faits, gestes et paroles de la cible à ceux d'un magicien. Cette comparaison tire sa force de ce qu'elle omet le plus souvent les éléments syntactiques de l'analogie et procède par identification directe, c'est à dire par métaphore. Ce type d'attaque pouvait être porté, dans l'Antiquité, contre quiconque faisait l'objet d'une invective. Les conditions propres à son énonciation apparaissent surtout lorsque la cible détient un pouvoir particulier de persuasion jugé illégitime par l'accusateur. Une habileté prononcée à manier l'argumentation et à emporter l'adhésion de l'auditoire peut devenir, aux yeux de l'opposant, pouvoir de séduction, art du mensonge et du faux-semblant, toutes caractéristiques qui appartiennent, selon la tradition, à l'art du magicien.

De là à traiter la personne visée de *goês*, de *magos* et d'*alazôn* (charlatan), ou bien encore à qualifier ses paroles de *goêteia* ou de *mageia*, il n'y a qu'un pas que nombre d'auteurs de langue grecque franchissent sans difficultés.[113] Ainsi, lorsque le stratège Timothée parvient, en mêlant menace et persuasion, à obtenir sa liberté des généraux juifs qui ont pris sa

---

[111] Cf. Théodoret de Cyr, *Histoire ecclésiastique*, III, 26; Rufin d'Aquilée, *Histoire ecclésiastique*, I, 34.

[112] Ces calomnies viennent de l'*Histoire secrète* de Procope (22, 7-8), de l'un de ces patriciens amers et frustrés qui s'étaient vus privés de leurs prérogatives par l'empereur-autocrate (cf. P. BROWN, *The World of Late Antiquity*, London, 1971, p. 154). Lui-même prétend, au début de son ouvrage, qu'après avoir été l'historien-panégyriste de Justinien, il entend reprendre les mêmes faits pour les montrer sous leur "vrai jour". La violence du ton, le bric-à-brac d'anecdotes douteuses et invraisemblables, indiquent cependant que Procope ne se livre là qu'à un exercice d'invective, le même genre d'exercice, désormais plusieurs fois séculaire, qu'il avait appris, jeune homme, à l'école de rhétorique.

[113] Pour un passage en revue des principales références, voir les notes abondantes de C. SPICQ, *Les Épîtres pastorales*, Paris, 1969, pp. 104-106.

citadelle du Karnion, le traducteur du second livre des Maccabées ne voit dans ses discours qu'une manipulation artificieuse, une *goêteia*.[114] Dès l'époque classique, le Socrate de Platon emploie ce procédé de manière systématique à l'endroit de ses adversaire les sophistes, habiles dans l'art du langage, tour à tour traités de *goêtai*, de *thaumatopoioi* (faiseurs de prodiges) et de *pseudourgoi* (créateurs d'illusions).[115] En fait, pour Platon, la peinture, la musique et la sophistique, en somme tout ce qui est irrationnel, joue sur les passions humaines et prive de lucidité, est assimilé à la sorcellerie.[116] A l'aube de l'ère hellénistique, il semble que les joutes oratoires entre rhéteurs professionnels faisaient abondamment appel au même type de métaphore infamante.

Un catalogue d'insultes, préservé par Pollux de Naucratis, un lexicographe du deuxième siècle ap. J.-C., permet de saisir comment l'amateur d'invectives n'avait qu'à puiser dans des manuels ou dictionnaires pour assouvir sa soif de diffamation.[117] Le texte se présente ainsi : la notice introductive désigne la cible à atteindre, "pour quiconque veut dire du mal (*kakizein*) d'un sophiste". Suivent trois séries d'injures : la première renfermant les termes à appliquer à l'individu que l'on veut incriminer; la seconde contenant les verbes correspondants; la troisième les substantifs (ex. : *panourgos, panourgein, panourgia*). La liste est malheureusement trop longue pour être citée dans son entier. Qu'il suffise de remarquer que certains de ces termes[118] sont directement reliés au vocabulaire de l'accusation de magie : nous les retrouverons sans cesse sur notre chemin dans notre analyse des textes sur les prophètes thaumaturges.

3.   L'ACCUSATION DE MAGIE CONTRE LES PROPHÈTES
       THAUMATURGES

3.1. Généralités. - Le prophète thaumaturge, une désignation fonctionnelle :

---

[114] 2 Macc. 12, 24-25 : notons que *B.J.* et *T.O.B.* suppriment la métaphore en traduisant respectivement *goêteia* par "artifice" et "astuce".

[115] Cf. Platon, *Le sophiste*, 235a.b; 241b.

[116] Cf. J. DE ROMILLY, *Magic and Rhetoric in Ancient Greece*, Cambridge, Mass., 1975, p. 30; P.M. SCHUHL, *Platon et l'art de son temps (Arts plastiques)*, Paris, 1952², pp. 21-37; 82-85.

[117] Cf. Pollux, *Onomasticon*, IV, 47-51.

[118] *goês* (magicien), *apateôn* (imposteur), *pharmakeuein* (ensorceler), *exapatân* (tromper), *radiourgia* (scélératesse), etc.

3.1.1.   Les prophètes thaumaturges sont, dans l'Antiquité, les individus les plus vulnérables à l'accusation de magie. Quel que soit le message (politique, philosophique ou religieux) qu'ils entendent justifier par leurs oracles et leurs miracles, le fait d'en appeler au surnaturel les place d'emblée dans la situation de cible idéale. La relation immédiate et directe qu'ils établissent entre eux et le divin s'effectue le plus souvent en dehors des structures institutionnelles. En règle générale, ce sont des "outsiders", dangereux aux yeux du pouvoir en place, qui se proclament eux-mêmes ou que l'on proclame les intermédiaires privilégiés d'un pouvoir cosmique, d'une part au travers de leurs prophéties, visions et rêves divinatoires, et d'autre part grâce à leurs prodiges et faits miraculeux. Les "hommes divins" (*theioi andra*) de l'Antiquité ont d'ordinaire recours à ce type de légitimation surnaturelle.[119] Nous ne reprendrons, au demeurant, le concept si controversé de *theios anêr* qu'avec prudence dans la suite de notre étude. La désignation fonctionnelle de "prophète thaumaturge", celle qui désigne l'individu par ce qu'il fait et non par ce qu'il est, nous paraît en effet moins susceptible d'engendrer contre-sens et généralisations douteuses.

3.1.2. L'accusation et ses règles :

Pour quiconque entend remettre en question l'autorité du prophète thaumaturge, que ce soit par esprit de corps avec l'ordre établi, inimitié personnelle, divergence doctrinale ou rivalité religieuse, l'accusation de magie est de loin l'outil diffamatoire le plus efficace.[120] L'offensive varie cependant en fonction de la manière dont le locuteur définit la magie, selon qu'il y voit une simple supercherie, une contrainte imposée aux dieux ou un art démoniaque.

---

[119] Cf. L. BIELER, *THEIOS ANÊR : Das Bild des göttlichen Menschen in Spätantike und Frühchristentum*, 2 Vols., Wien, 1935-1936, VI + 150 + 130 pp.; plus récemment, voir D.L. TIEDE, *The Charismatic Figure as Miracle Worker*, Missoula, Mont., 1972, vi + 324 pp.; G.P. CORRINGTON, *The Divine Man*, New York, 1986, pp. 1-49.

[120] Sur l'importance des accusations de magie pour aborder la figure du prophète thaumaturge, cf. E.V. GALLAGHER, *Divine Man or Magician: Celsus and Origen on Jesus*, Chico, Calif., 1982, pp. 46-47; H. REMUS, *Pagan-Christian Conflict over Miracle in the Second Century*, Cambridge, Mass., 1983, pp. 52-72.

Ainsi, en attribuant les oracles à l'imagination du prophète et ses miracles à des tours de passe-passe,[121] l'adversaire est en mesure de nier le divin dans les faits et gestes de la cible, et de les rabaisser ainsi au niveau de l'humain. Si l'adversaire entend accepter l'aspect surnaturel des oracles et des miracles, s'il concède que des entités surhumaines les rendent possibles, il affirmera que la cible use de formules et de rituels contraignants pour les dieux. Là encore, l'attaquant veut signifier que ce sont l'initiative et l'intervention humaines qui prévalent sur la liberté divine.[122]

Dans les milieux chrétiens, dès le milieu du second siècle, accuser de magie un prophète thaumaturge, nier la dimension divine de ses prophéties et de ses prodiges, devient des plus aisé : ce ne sont plus les dieux que le "magicien" manipule mais les démons, les lieutenants de Satan.[123] Les trois démarches polémiques que nous venons de passer en revue ne sont pas exclusives l'une de l'autre. Il arrive fréquemment qu'elles soient utilisées simultanément ou consécutivement.

Il faut toujours garder à l'esprit que l'accusation de magie apparaît seulement *après* que des récits de miracles favorables, sous forme orale ou écrite, aient commencé à circuler à propos d'un prophète thaumaturge. En fait, l'accusation de magie se base presque toujours sur ces récits de miracles eux-mêmes : elle en extrait les faits majeurs, les dépouille de leur gangue arétalogique et les réinterprète de façon négative.

De même que le récit de miracle (*Wundergeschichte*), en tant que genre littéraire (*Gattung*), véhicule un certain nombre de motifs stéréotypés visant à magnifier l'action du prophète,[124] de même l'accusation de magie

---

[121] Sur la magie au sens de prestidigitation, voir notre analyse de l'accusation d'illusionisme portée contre Eunus (Cf. *infra*, Chap. 2, § 2.1.1.5 : pp. 80-83).

[122] Cf. Hippocrate, *Du mal sacré*, IV, 15-16.

[123] Justin Martyr est le premier auteur chrétien à faire un usage systématique de cette méthode, notamment à propos de Simon (cf. - *supra* -, pp. 4-8). Vers la même époque (milieu du IIème s. ap.), une attaque anonyme contre Marc le Gnostique citée par Irénée (*Adv. haer.*, I, 15, 6) est encore plus explicite :
"Marc, faiseur d'idoles, observateur de signes, / expert dans les arts de l'astrologie et de la magie. / Par eux, tu renforces les doctrines d'erreur, / montrant des signes à ceux que tu dupes, / des opérations qui dérivent en fait d'une puissance apostate / et que ton père Satan te permet d'accomplir / au moyen du pouvoir angélique d'Azazel, / faisant ainsi de toi le précurseur de la perversité de l'Anti-Dieu".

[124] Cf. M. DIBELIUS, *Die Formgeschichte des Evangeliums*, Tübingen, 1959; G. THEISSEN, *Urchristliche Wundergeschichten*, Gütersloh, 1974.

engendre son lot de lieux communs, lesquels ont pour seul et unique objectif d'ôter toute dimension divine ou pieuse aux prodiges. Dans un sens plus large, l'accusation de magie se présente comme une sorte d'anti-arétalogie : [125] au lieu d'exalter le prophète comme l'intermédiaire ou l'agent de la divinité, au lieu de louer sa piété, son désintéressement et sa vertu en général, elle s'efforce de montrer que tout cela n'est que mensonge, tromperie et faux-semblant. Prenant systématiquement le contrepied des louanges qu'il entend annuler, l'accusateur accumule les insultes, les étiquettes péjoratives, les attaques contre le caractère du prophète, et ce de manière à contrecarrer l'impression positive qui se dégage du récit de base. La réussite de l'offensive dépend de l'usage plus ou moins habile que fera l'accusateur d'un certains nombres de *topoi* polémiques : verbes exprimant le mensonge, la fraude; accusations d'auto-déification, d'orgueil, de cupidité, etc. Dans certains cas, la figure positive du prophète thaumaturge se devine aisément derrière la caricature dressée par l'accusateur. Dans d'autres cas, l'attaque est si violente et univoque qu'il devient presque impossible de reconstituer sa contrepartie.

3.1.3. La défense contre l'accusation :

Il faut, enfin, laisser la place à un autre genre littéraire qui vient en troisième position après l'arétalogie miraculeuse et l'accusation de magie, à savoir la *défense* contre l'accusation de magie. La technique de l'apologétique anti-magique exige que l'on reprenne l'arétalogie tout en tenant compte des attaques qui ont été portées dans l'intervalle. Deux procédés s'imposent alors : le premier consiste à répondre discursivement aux accusations de magie; le second à re-raconter les récits de miracle de manière à ce qu'ils prêtent le moins possible le flanc aux accusations de magie. Reste une troisième solution, qui repose en fait sur une combinaison des deux premières : introduire une accusation de magie dans le récit arétalogique afin de la réfuter discursivement. Le plus célèbre exemple d'une apologie visant à disculper un prophète thaumaturge des accusations

---

[125] Pour le concept d'arétalogie, d'ailleurs étroitement lié à celui d' "homme divin", voir l'excellent article de Morton SMITH, "Prolegomena to a Discussion of Aretalogies, Divine Men, the Gospels and Jesus," in : *Journal of Biblical Literature*, 90/1971, pp. 174-199.

de magie qui pèsent contre lui, reste, sans conteste, la *Vie d'Apollonius de Tyane* par Philostrate.

L'investigation systématique de ce genre apologétique a, ces dernières décennies, fortement progressé, notament grâce à un court article dû à Anitra B. KOLENKOW.[126] L'auteur distingue trois types d'accusations (subversion, usage du pouvoir miraculeux à des fins nuisibles, usage du miracle afin de gagner richesses ou toute autre sorte de pouvoir), chacune d'entre elles requérant une défense appropriée : le thaumaturge est respectueux du pouvoir en place, prompt à défendre l'ordre établi et à prôner l'obéissance civile; il utilise ses pouvoirs pour guérir, ressusciter, chasser les démons; il est désintéressé, le plus souvent pauvre et menant une vie d'ascète, visant à la sagesse plutôt qu'aux biens de ce monde.

3.2. Les sources majeures :

L'accusation de magie contre les prophètes thaumaturges apparaît très tôt dans la littérature de langue grecque. Sans prétendre à l'exhaustivité, nous consacrerons les pages qui suivent à un survol rapide des sources principales, depuis Hippocrate jusqu'à Irénée de Lyon.

Dans le *De morbo sacro*,[127] ouvrage daté du Vème siècle av. J.-C, Hippocrate lui-même ou un auteur de l'école hippocratique[128] tente de prouver que l'épilepsie, le mal sacré par excellence, ne vient pas d'une quelconque possession par les dieux mais de causes physiologiques parfaitement naturelles. En énonçant cette thèse, l'auteur s'oppose résolument à la pratique habituelle des devins guérisseurs, ses contemporains, dont la vocation était de guérir les maladies au moyen de purifications et de lustrations. Ces pratiques proches de l'exorcisme faisaient depuis longtemps partie de la religion populaire grecque et de nombreux héros thaumaturges, tels Mélampus ou Empédocle, y avaient eu

---

[126] Cf. A.B. KOLENKOW, "A Problem of Power: How Miracle Does Counter Charges of Magic in the Hellenistic World ?", in : *1976 Seminar Papers : Society of Biblical Literature*, G. MacRAE, Ed., Missoula, Mont., 1976, pp. 105-110.

[127] Voir le texte grec, la traduction et le commentaire de H. GRENSEMANN, *Die hippokratische Schrift "Über die heilige Krankheit"*, Berlin, 1968, xiv + 126 pp.

[128] Le traité est d'ordinaire attribué à Hippocrate lui-même, mais il y a de fortes chances pour qu'il soit un pseudépigraphe. Cf. O. TEMKIN, *Hippocrates in a World of Pagans and Christians*, Baltimore/London, 1991, p. 198.

notamment recours.[129] Or, les héritiers d'Hippocrate, par les progrès qu'ils avaient accompli dans la médecine empirique, avaient besoin d'affirmer leur identité propre par rapport à ceux de leurs collègues qui s'en tenaient aux méthodes religieuses traditionnelles. Ceci était rendu d'autant plus malaisé que la médecine hippocratique dépendait encore largement de l'ancienne tradition et que certaines de ses pratiques, comme les bains ou les fumigations, étaient en tout point semblables à celles de leurs homologues purificateurs, même si d'autres causes étaient invoquées pour en expliquer les effets.[130]

Entre les deux cercles, la frontière était donc des plus ténues, du moins aux yeux d'un observateur non averti. Pour l'auteur du *De morbo sacro*, il devenait ainsi nécessaire de tracer une ligne de démarcation plus nette entre le groupe auquel il appartenait et celui de ses concurrents. La fonction discriminatoire de l'accusation de magie répondait parfaitement à ce besoin de différenciation. En appliquant aux représentants du groupe rival le qualificatif de *magoi*, en présentant leurs prières comme des *epaiodai* (incantations) et en modelant leurs prétentions sur celles des sorcières thessaliennes, l'écrivain hippocratique délimite le territoire et consolide l'identité de son propre groupe face à un double négatif auquel il pourra être ainsi commodément opposé.[131]

Grâce au *Contre Apion* de Flavius Josèphe,[132] nous savons que Lysimaque d'Alexandrie, un historien dont les dates précises sont inconnues

---

[129] Cf. R. PARKER, *Miasma. Pollution and Purification in Early Greek Tradition*, Oxford, 1983, xviii + 413 pp. : voir le chapitre intitulé : "Disease, Bewitchment and Purifiers", pp. 206-234.

[130] Cf. G.E.R LLOYD, *Magic, Reason and Experience. Studies in the Origin and Development of Greek Science*, Cambridge - New York, 1979, pp. 39-45.

[131] L'accusation de magie est avant tout apparente dans les premiers chapitres du *Mal sacré* (I-IV).

[132] Cf. Flavius Josèphe, *Contre Apion*, II, 145 : "Molon, Lysimaque et quelques autres, tantôt par ignorance, le plus souvent par malveillance, ont tenu sur notre législateur Moïse et sur ses lois, des propos injustes et inexacts, accusant l'un d'avoir été un sorcier et un imposteur (*goêta kai apateôna*), et prétendant que les autres nous enseignent le vice (*kakia*) à l'exception de toute vertu" (voir aussi II, 161). Il semble que, pour beaucoup d'auteurs païens, Moïse ait été un grand magicien (Cf. J.G. GAGER, *Moses in Greco-Roman Paganism*, Nashville-New York, 1972, pp. 134 ss.). Certains présentent ceci comme un fait établi (cf.

(deuxième ou premier s. av. J.-C.), avait porté une accusation d'imposture et de sorcellerie contre Moïse.[133] Cette accusation, toujours selon Josèphe, apparaissait également dans le pamphlet antisémite d'Apollonius Molon, un rhéteur qui fut aussi précepteur de Jules César et de Cicéron (deuxième moitié du premier s. av. J.-C.).[134] Les deux ouvrages sont désormais perdus et les fragments d'Apollonius qui subsistent ne concernent pas notre enquête.

Si l'on veut pouvoir reconstituer partiellement ces accusations de magie et de charlatanisme contre Moïse, il faut utiliser le passage apologétique du *Contre Apion* (II, 145-163) et les en déduire *a contrario*. Ainsi, lorsqu'on apprend que Moïse, ayant gagné l'autorité sur le peuple, n'en fit pas pour autant preuve de *pleonexia* (esprit de domination, ambition excessive : II, 158), cette dénégation permet d'inférer que l'accusation de *pleonexia* figurait en bonne place parmi les invectives dirigées par Lysimaque et/ou Apollonius Molon contre le *goês* Moïse.

La façon dont Josèphe retrace le ministère de Moïse dans ses *Antiquités* devrait aussi fournir des indices probants. Le texte le plus clairement apologétique est celui où Josèphe rapporte le duel entre Moïse et les magiciens de Pharaon.[135] Dans son midrash d'Exode 7, Josèphe place une accusation de magie contre Moïse (probablement inspirée de Lysimaque et d'Apollonius) dans la bouche de Pharaon (II, 284). De cette manière, il peut amener Moïse à se défendre lui-même verbalement contre l'imputation qui lui est faite :

Trogue Pompée, cité par Junianus Justinus, XXXVI, 2; Pline, *Histoire naturelle*, XXX,1; Apulée, *Apologia*, 90); d'autres, plus polémiques, en font un argument offensif (cf. Celse, *Logos alêthes*, in Origène, *Contre Celse*, I, 26).

[133] L'accusation devait probablement apparaître dans l'un des trois ouvrages majeurs de Lysimaque : les *Nostoi*, les *Thebaika paradoxa* ou le *Peri tês Ephorou klopês*.

[134] Le titre du libelle d'Apollonius ne nous est pas parvenu. D'après Alexandre Polyhistor (in Eusèbe, *Préparation évangélique*, IX, 19, 1), son écrit consistait en une : *suskeuê kata Ioudaiôn*.

[135] Cf. Flavius Josèphe, *Antiquités Juives*, II, 284-287. Pour des remarques et commentaires sur ce texte, cf. G. DELLING, "Josephus und das Wunderbare", in : *Novum Testamentum*, 2, 1958, pp. 291-309 (pp. 297-298); G. MACRAE, "Miracles in the *Antiquities* of Josephus", in : *Miracles. ...*, éd. C.F.D MOULE, London, 1965, pp. 127-147 (p. 136); D.L. TIEDE, *The Charismatic Figure as Miracle Worker*, Missoula, Mont., 1972, vi + 324 pp. (p. 224).

"Je montrerai que ce n'est pas de la sorcellerie (*goêteia*) et d'une fraude (*planê*) opérée sur la vraie doctrine que mes miracles procèdent" (II, 286).

Déjà vers 135-131 av. J.-C., un esclave syrien nommé Eunus prit la tête de la révolte servile en Sicile. Prophète de la Déesse Syrienne, capable d'opérer des miracles pour confirmer ses oracles, il fut couronné roi par ses partisans. L'historien Diodore de Sicile (Ier s. av. J.-C.) l'accusa d'être un magicien et un charlatan. Le lecteur voudra bien se rapporter à l'analyse détaillée du texte d'Eunus que nous présentons plus bas (cf. *infra*, Chap. 2, § 2.1 : pp. 69-85).

Avec l'historien juif Flavius Josèphe, nous atteignons la fin du premier siècle ap. J.-C., c'est-à-dire l'époque de la rédaction des Actes. Tant dans sa *Guerre* que dans ses *Antiquités*, Josèphe porte l'accusation de *goêteia* contre les prophètes juifs qui, par leurs oracles et leurs signes, encourageaient et soutenaient l'insurrection contre les Romains. Ses attaques sont tantôt générales et anonymes,[136] tantôt dirigées contre un individu en particulier. Parmi les "faux prophètes" et les goètes que dénonce Josèphe, figurent un certain Theudas[137] qui opéra entre 44 et 48 ap. J.-C., un juif venu d'Égypte[138] entre les années 52 et 60, un exalté dont l'activité se situe entre 60 et 62,[139] et enfin un prophète qui annonçait encore le secours divin dans les derniers jours du siège de Jérusalem.[140] Le texte dirigé contre le *goês* et *pseudoprophêtês* égyptien fera l'objet d'un examen détaillé, après celui de Diodore (cf. *infra*, Chap. 2, § 2.2 : pp. 85-100).

Au premier siècle de notre ère, un philosophe du nom d'Apollonius, originaire de Tyane en Cappadoce, parcourut le monde civilisé en quête de la sagesse.[141] Auteur d'une *Vie de Pythagore*,

---

[136] Cf. *Guerre*, II, 259; *Ant.*, XX, 167-168.

[137] Cf. *Ant.*, XX, 97-98.

[138] Cf. *Guerre*, II, 261-263; *Ant.*, XX, 169-171.

[139] Cf. *Ant.*, XX, 188.

[140] Cf. *Guerre*, VI, 285-286.

[141] Sur Apollonius en général, l'on consultera : G. PETZKE, *Die Traditionen über Apollonius von Tyana und das Neue Testament*, Leiden, 1970, xi + 264 pp.; W. SPEYER, "Zum Bild des Apollonios von Tyana bei Heiden und Christen", in : *Jahrbuch für Antike und Christentum*, 17, 1974, pp. 47-63. Voir aussi les pages

Apollonius de Tyane entendait appliquer les principes de son maître spirituel, réformant les cultes qu'il rencontrait, militant contre les sacrifices sanglants, exhortant les villes à la piété. Très tôt, de son vivant peut-être, une réputation de prophète thaumaturge s'attacha à son nom : des récits rapportant ses oracles, exorcismes, guérisons et résurrections commencèrent alors à circuler. - Quelques années après la mort du sage (fin du Ier, début du IIème s. ap. J.-C.), un auteur nommé Moiragénès publiait des *Mémoires* sur Apollonius, dans lesquels il le présentait comme un *goês* auquel ses pouvoirs magiques avaient permis de s'imposer comme philosophe.[142] Sans aucun doute, ce pamphlet désormais perdu utilisait les récits de miracles attribués à Apollonius et les présentait comme des actes de sorcellerie. Moiragénès fut suivi par plusieurs autres auteurs dont les noms ont disparu.[143]

Comme dans le cas de Moïse, le seul moyen de reconstituer ces accusations est de faire appel à leur réfutation, celle qu'en donna Philostrate (début du IIIème s. ap. J.-C.), rhéteur et grammairien auquel il fut demandé par l'impératrice néo-pyhtagoricienne Julia Domna de réhabiliter le philosophe. La *Vie d'Apollonius de Tyane* par Philostrate est un ouvrage long et complexe, conservé dans son intégralité. Les accusations de magie proprement dites sont particulièrement explicites dans l'apologie qu'Apollonius présente devant l'empereur Domitien (livre VII). L'on peut également les déduire à partir de la biographie que donne Philostrate de son héros (livres I-VI) : la manière dont les oracles et miracles d'Apollonius sont racontés trahit une apologétique narrative, par opposition à la réfutation discursive que contient le discours final devant l'empereur.

Avec le pamphlet de Lucien de Samosate intitulé : *Alexandre ou le faux prophète* (date approximative de rédaction : 180 ap. J.-C.), l'accusation de magie et de charlatanisme est élevée au rang d'un genre littéraire à part entière.[144] Dans ce célèbre morceau d'invective, Lucien

---

de Marguerite FORRAT consacrées à Apollonius dans son introduction au *Contre Hiéroclès* d'Eusèbe de Césarée (in coll. : "Sources Chrétiennes", Vol. 333, Paris, 1986, pp. 26-43).

[142] Le renseignement nous vient d'Origène, *Contre Celse*, VI, 41.

[143] L'on trouve des traces de l'accusation de magie contre Apollonius chez Dion Cassius, 77, 18, 4, qui présente le philosophe comme "un sorcier et un magicien achevé" (*goês kai magos akribês*).

[144] Pour la littérature la plus récente sur Alexandre, contenant toutes les références bibliographiques nécessaires, cf. C.P. JONES, *Culture and Society in Lucian*, Cambridge, Mass., 1986, pp. 133-148; l'étude la plus éclairante, en

prend pour cible un personnage du nom d'Alexandre d'Abonotique, le fondateur et prophète attitré d'un sanctuaire oraculaire dédié au dieu Glykon, le nouvel Asclépios. L'activité d'Alexandre s'étend, pense-t-on, de 150 à 170 après J.-C. Pour l'historien des religions, le culte mis en place par Alexandre s'inscrit dans un mouvement de renouveau plus large, perceptible dans toute l'Asie Mineure, qui tendait à revitaliser les anciens oracles apolliniens (Claros, Didyme) et à créer de nouveaux sanctuaires.[145] Pour Lucien, toute l'entreprise d'Alexandre (oracles, miracles, etc.) n'est qu'un gigantesque trompe l'oeil, une escroquerie menée de main de maître et destinée à assurer pouvoir et richesse à son perpétrateur. Les techniques diffamatoires qu'utilise Lucien pour discréditer Alexandre et salir sa mémoire ont été identifiées par la critique et replacées dans leur juste perspective.[146] Quant aux raisons qui poussèrent Lucien à écrire son libelle, elles ressortent clairement d'une forte inimitié qui naquit entre les deux hommes du vivant d'Alexandre.[147]

Le pamphlet composé par le rhéteur-philosophe Celse contre les Chrétiens, le *Discours véritable* (*ho alêthes logos*), aux alentours de 180 ap. J.-C., est trop célèbre pour que nous nous attardions à en résumer la teneur. Qu'il suffise de noter que l'accusation de magie et de charlatanisme portée contre Jésus,[148] le prophète thaumaturge des Chrétiens, constitue un argument majeur et central de la polémique de Celse.[149] Les fragments de l'ouvrage, conservés par Origène dans son *Contre Celse*, montrent

---

langue française, sur Alexandre et les témoignages archéologiques ou numismatiques qui confirment son existence, est celle de L. ROBERT, *A travers l'Asie Mineure : Poètes et prosateurs, monnaies grecques, voyageurs et géographie*, Paris, 1980, pp. 393-421.

[145] Cf. R.L. FOX, *Pagans and Christians*, New York, 1986, pp. 240-250 (sur Alexandre), et le ch. I, 5 en général sur le renouveau des oracles.

[146] Cf. M. CASTER, *Études sur Alexandre ou le faux prophète de Lucien*, Paris, 1937, pp. 79-93.

[147] Ainsi, selon Lucien, Alexandre le haïssait et le tenait pour son pire ennemi (55); de même, Lucien avoue qu'il détestait Alexandre "à cause de la vilenie de son caractère" (57).

[148] Cf. in Origène, *Contre Celse*, livre I, chaps. 6, 9, 28, 68, 70-71.

[149] Cf. A. MIURRA-STRANGE, *Celsus und Origenes: Das Gemeisame ihrer Weltanschauung*, Giessen, 1926, p. 125; voir aussi l'ouvrage de E. V. GALLAGHER, *Divine Man or Magician: Celsus and Origen on Jesus*, Chico, Calif., 1982, v + 207 pp. (pp. 41-150).

d'ailleurs que Celse étendait l'accusation de magie aux Juifs et aux Chrétiens en général.[150]

L'accusation de magie que porte Irénée contre l'hérétique Marc (*Adv. haer.*, I, 13, 1-6) dépend, littérairement parlant, du même genre d'invective que celle qu'utilisent Hippocrate, Diodore, Josèphe, Lucien ou Celse. Elle nous sera donc utile pour la compréhension d'Actes 8, à condition toutefois d'y mettre entre parenthèses les techniques polémiques chrétiennes propres au deuxième siècle, comme la démonisation du magicien par exemple. Marc, dont le ministère occupe les années 160 à 170 ap. J.-C., était un prophète, un extatique qui recevait la révélation divine par des visions (I, 14, 1). Sa célébration de l'eucharistie[151] s'accompagnait de prodiges et ses disciples, parmi lesquels les femmes occupaient une position hiérarchique importante et particulièrement dérangeante pour Irénée,[152] favorisaient l'expression de l'Esprit dans des réunions prophétiques.

Irénée accuse Marc de corrompre les femmes qui l'entourent, de leur voler leur argent; il l'accuse également de pratiquer la sorcellerie et la prestidigitation pour opérer ses miracles. Brodant sur une accusation de magie qui circulait déjà contre Marc (cf. *Adv. haer.*, I, 15, 6), Irénée entend détruire la crédibilité de Marc en tant qu'interprète du message chrétien et prophète thaumaturge.[153] L'accusation de magie est pour lui une calomnie commode, qu'il répand généreusement sur d'autres groupes d'hérétiques.

---

[150] Contre les Juifs : *Contre Celse*, I, 23 et 26; IV, 33; contre les apôtres : II, 55; contre le clergé chrétien : VI, 40.

[151] Pour une analyse liturgique et doctrinale de l'eucharistie marcosienne, cf. J. REILING, "Marcus Gnosticus and the New Testament", in : *Miscellanea Neotestamentica*, Vol. 1, T. BAARDA - A.F.J. KLIJN - W.C. VAN UNNIK, Eds., Leiden, 1978, pp. 163-170.

[152] Cf. J.E. GOEHRING, "Libertine or Liberated: Women in the So-called Libertine Gnostic Communities", in : *Images of the Feminine in Gnosticism*, Philadelphia, 1988, p. 56.

[153] Certains auteurs, comme pour Simon en Actes 8, prennent l'accusation irénéenne de charlatanisme contre Marc comme une information objective : cf. E. RENAN, *Histoire des origines du christianisme*, Vol. 7 : *Marc-Aurèle et la fin du monde antique*, Paris, 1883[2], pp. 128-129 & 292-297; E. DE FAYE, *Gnostiques et gnosticisme*, Paris, 1913, p. 317. - D'autres, plus prudents, y décèlent une distorsion délibérée des faits : cf. K. RUDOLPH, *Gnosis: The Nature and History of Gnosticism*, San Francisco, 1983, xii + 411 pp. (pp. 241-242).

Chapitre 2 :

VERS UNE LECTURE CRITIQUE DE L'ÉNONCÉ POLÉMIQUE

1. PRINCIPES DE MÉTHODE :

L'historien, s'il est confronté à un texte décrivant un prophète thaumaturge comme un magicien ou un charlatan, *et s'il n'a à sa disposition aucun autre texte qui vienne contredire ce portrait*, a le choix entre plusieurs solutions, dont voici les plus communément suivies :

La première solution consiste à prendre le texte au pied de la lettre, à l'accepter comme un source d'information objective, sans discuter aucun de ses détails.[154] Une telle approche revient à ignorer entièrement la teneur polémique du récit.

La seconde solution consiste à souligner l'aspect diffamatoire du texte tout en insinuant que les accusations qu'il contient doivent avoir un fond de vérité. Mais, dire de la sorte qu'il n'y a "pas de fumée sans feu", c'est déjà tomber dans le piège tendu par l'auteur qui accumule les calomnies pour faire germer le doute dans l'esprit du lecteur.

La troisième solution consiste à rejeter le texte dans son entier, sous prétexte qu'il est tendancieux et ne peut donc livrer aucun renseignement historique valable. Cela équivaut à "jeter le bébé avec l'eau du bain" puisque l'auteur de l'accusation construit toujours son attaque sur la base de renseignements préexistants.

---

[154] Voir, à titre d'exemple, le portrait de l'hérétique Marcus chez E. RENAN, *Histoire des Origines du Christianisme*, - Vol. 7 : *Marc-Aurèle et la fin du monde antique*, 2ème éd., Paris, 1883, pp.128-129 et pp. 292-297.

La quatrième solution, celle que nous adopterons pour notre enquête, consiste à prendre le texte d'accusation de magie comme une source *potentielle* de détails historiques.

La diffamation du prophète thaumaturge est en effet un phénomène essentiellement secondaire, lequel ne peut se produire qu'à condition qu'il ait existé, antérieurement à l'accusation, une tradition considérant les oracles et miracles du prophète thaumaturge comme authentiques et divins (l'*arétalogie*). Son but étant de démontrer en quoi elle est frauduleuse, l'accusateur est obligé de tenir compte de cette arétalogie et d'en divulguer certains éléments à un moment ou un autre de sa philippique.

En plus de l'arétalogie initiale, la diffamation du prophète s'attaque à un certain nombre d'éléments neutres formant la base commune de la controverse avec la partie adverse : ces éléments comprennent les faits et gestes du prophète dans ses rapports avec ses semblables, par opposition à ses oracles et miracles qui présupposent une relation, réelle ou simulée, au divin. Ni le détracteur ni le partisan du prophète ne peuvent porter atteinte à cette trame de faits irréductibles, et le plus souvent connus de tous, sans courir le risque de se voir convaincre de mensonge par leur homologue :[155] ils ne peuvent que l'interpréter diversement, y juxtaposer certains détails, soit au détriment de l'intéressé, soit en sa faveur.

A partir de là, il est théoriquement possible de dégager d'un texte d'accusation de magie deux éléments distincts qui ont chacun leur intérêt pour l'historien : l'arétalogie, d'une part; une trame de faits neutres, d'autre part. La méthode que nous proposons ci-dessous vise à déconstruire systématiquement le récit d'accusation en vue d'en extraire ce matériau de base. Il va de soi que cette méthode ne fait que tendre à l'objectivité et ne prétend pas y mener à coup sûr.

1.1. Une revendication précède-t-elle l'imputation ?

---

[155] Quintilien, *Institution Oratoire*, IV, 2, conseille à l'avocat prêt à mentir que : "il ne faut pas se mettre en opposition avec ce qui est bien constaté au procès", de peur d'être démasqué trop aisément.

La nécessité de distinguer entre magie revendiquée et magie imputée revêt une importance toute particulière pour l'interprétation de certains passages équivoques. Dans la majorité des cas, le prophète thaumaturge qualifié de *magos* aurait certainement refusé cette appellation. Dans un certain nombre de textes, en revanche, l'accusation de magie est portée contre un prophète thaumaturge qui semble s'être déjà proclamé lui-même comme *magos*, c'est-à-dire comme l'adepte d'une sagesse et d'un culte qu'il estimait légitimes. Cette juxtaposition peut s'opérer sans problèmes, comme elle peut aussi prêter à confusion. Trois exemples, le premier tiré du Pseudo-Callisthène, le second de Flavius Josèphe et le troisième des Actes des Apôtres, nous serviront à illustrer ce point.

a) Dans la *Vie d'Alexandre le Grand*, attribuée à Callisthène,[156] le roi d'Égypte Nectanébo se présente sous les traits d'un sage authentique qui, selon les Égyptiens, surpassait tout le monde "par la puissance magique" (*tê magikê dynamei* [1, 2]).[157] Sa magie, disait-on, dérivait de sa "raison" (*logos*) et lui permettait de "se soumettre tous les éléments du cosmos" (*ta gar kosmika stoicheia... panta hypotassein* [1, 3]). Au chapitre suivant, Nectanébo pratique la lécanomancie avant d'être forcé de fuir devant ses ennemis (2, 1 - 3, 2). Chassé à jamais de son pays, il s'établit incognito à la cour de Macédoine et se présente à Olympias, la future mère d'Alexandre, comme un adepte de la sagesse égyptienne :

"Je suis un prophète égyptien, mage et astrologue"
(*prophêtês ôn Aigyptios, kai magos eimi kai astrologos*) [4, 3].

La reine Olympias confie ses problèmes à Nectanébo; celui-ci gagne peu à peu sa confiance et, grâce à de multiples prodiges (rêves,

---

[156] L'historien romancier Callisthène (fin du IVème s. av. J.-C.) fut un proche d'Alexandre le Grand. Il tomba en disgrâce pour avoir refusé le rite de la *proskynêsis*, geste d'adoration que le souverain introduit à sa cour selon l'usage oriental. Les philologues pensent que la vie d'Alexandre est un apocryphe tardif, ou du moins une version modifiée du texte de Callisthène. La remise en cause du dogme officiel de la naissance divine d'Alexandre dans les chapitres 1 à 14 pourrait toutefois remonter au texte original, si l'on tient compte du fait que Callisthène s'opposait à la déification du Macédonien.

[157] L'édition du texte grec et la division en chapitres et versets que nous adoptons sont celles de Wilhelm KROLL, *Historia Alexandri Magni. Pseudo-Callisthenes*, Vol. 1, Berlin, 1958.

métamorphoses, etc.), parvient à la séduire en lui faisant croire qu'elle est l'objet des faveurs d'un dieu (5-11). L'enfant né de l'union d'Olympias et du mage, Alexandre, est considéré comme le fils d'un dieu et grandit avec Nectanébo pour premier tuteur. Celui-ci l'emmène un soir au sommet d'une falaise pour lui enseigner l'astrologie lorsque l'enfant, curieux de voir si le prophète serait capable de prédire et donc d'anticiper son mouvement, le pousse dans le précipice. Avant de mourir, Nectanébo raconte à son fils l'histoire de la tromperie d'Olympias et comment il est parvenu à se faire passer pour un dieu en utilisant ses pouvoirs magiques (14, 1-7). En apprenant cela, Alexandre reproche mentalement à son père naturel de ne pas l'avoir mis dans le secret plus tôt; il en conclut que celui-ci n'a fait que recevoir le salaire approprié (*ton axion misthon*) pour chaque acte de sorcellerie (*hyper ekastês goêteias*) qu'il a opéré afin de tromper (*eis apateôsin*) Philippe et Olympias (14, 8-9).

Dans le monologue intérieur d'Alexandre, toute la carrière de Nectanébo est relue non plus comme celle d'un *magos*, au sens positif du terme, mais comme celle d'un *goês*, d'un imposteur et d'un charlatan. En d'autres termes, ce qui était revendiqué devient imputé et *mageia* devient synonyme de *goêteia*. La différence que présuppose le texte entre mage authentique et imposteur tient surtout dans l'*apateôsis* (tromperie) dont a usé le second pour parvenir à ses fins. Le verbe *(ex-)apatân* (tromper) désigne traditionnellement, dans l'invective de langue grecque, l'activité du *goês*.

b) Le second texte à examiner nous vient de Flavius Josèphe. Il mentionne un Juif chypriote du nom d'Atomus, attaché à la cour du procurateur de Judée Félix (52-60 ap. J-C.) en tant que *magos* déclaré.[158] Atomus appartenait certainement à ce groupe de renouveau magique basé à Chypre dont parle Pline (*Hist. Nat.*, XXX, 2, 11). Josèphe, cependant, ne paraît pas tenir cette secte juive en haute estime car il précise qu'Atomus "feignait d'être un mage" (*skeptomenos magos einai*).[159] L'accusation de magie est encore plus nette dans les lignes suivantes, lorsque Josèphe met

---

[158] Cf. *Antiquités Juives*, XX, 139-142.

[159] Le verbe *skeptomai* (feindre, prétendre de...), appartient au vocabulaire de l'accusation de magie (de même que *prospoiein* : voir *infra*, Chap. 2, § 2.1.1.2 : pp. 76-77). Posidonius s'en sert lorsqu'il traite les juifs de *goêtai* qui prétendent (*skeptesthai*) user d'incantations (*epôdas*) (in Strabon, *Géographie*, XVI, 2, 43 : cf. F. JACOBY, *Fragmente der griechischen Historiker*, Leiden, 1961, Vol. 2, p. 266 [n° 87, fragm. 70]).

en scène Atomus dans l'un des rôles-clefs du sorcier, celui d'entremetteur et de pourvoyeur de philtres d'amour qui met ses talents d'ensorceleur au service du proconsul adultère.[160]

    c) Un troisième et dernier texte, *Actes 13, 6-12*, relate la mésaventure d'un autre de ces mages, Bar-Jésus alias Elymas, attaché, cette fois-ci, à la cour du proconsul de Chypre, Sergius Paulus. Luc semble partager le mépris de Josèphe pour les adeptes de la magie chypriote mais utilise un procédé légèrement différent pour discréditer Elymas aux yeux de son lecteur. Il le présente, en effet, comme :

"un certain individu, à la fois mage, faux prophète et juif"
(*anêr tis magos pseudoprophêtês Ioudaios*), Ac. 13, 6.

Il n'est guère difficile, au vu des exemples précédents, de reconstituer le titre qu'Elymas s'appliquait à lui-même et que le proconsul Sergius Paulus ne devait certainement pas lui refuser. C'était, en toute vraisemblance, le même que celui de Nectanébo : *magos kai prophêtês*.

    Voyons maintenant comment Luc façonne son accusation de magie à l'encontre d'Elymas. Josèphe, rappelons-le, s'en était pris directement au titre de *magos* que revendiquait Atomus en affirmant que celui-ci ne faisait que "feindre" d'en être un. L'auteur des Actes, quant à lui, choisit de n'attaquer que le deuxième terme du titre (*prophêtês*) en lui ajoutant le préfixe *pseudo-*, l'équivalent du *skeptomenon* de Josèphe. Cela ne signifie pas pour autant que *magos* conserve intégralement, dans le texte de Luc, le sens de "mage" en tant que sage. Car, grâce à la proximité de *pseudoprophêtês*, *magos* a en partie changé de sens et pris une connotation négative contre le gré de son propriétaire, passant de "mage" à "magicien - charlatan". Le titre honorifique que s'attribuait la cible lui est renvoyé comme une insulte. Autrement dit, *magos* est devenu synonyme de *goês*, un terme que l'on rencontre par ailleurs chez Philon, Josèphe et Plutarque accompagnant soit le terme de *pseudoprophêtês*, soit la notion qu'il

---

[160] Sur le magicien comme complice de l'adultère, cf. Aristénète, *Lettres*, II, 18. - Voir aussi l'accusation de magie portée contre Apion dans les *Homélies Pseudo-Clémentines*, V, 3 : ce dernier texte constitue probablement une riposte aux attaques antisémites d'Apion.

exprime.[161] L'ambiguïté savamment entretenue du titre d'Elymas en Actes 13 provient donc d'un subtil mélange d'information et de diffamation. En règle générale, dans l'Antiquité, c'est de l'habileté à doser ce mélange que dépendait en grande partie l'efficacité d'une accusation de magie.

1.2. L'attaque est-elle assertorique ou métaphorique ?

La seconde question à poser à propos d'une accusation de magie contre un prophète thaumaturge sera : à quel niveau de langage l'auteur place-t-il son attaque ? Est-elle assertorique ou métaphorique ? Si le texte contient des allusions explicites à des procédés magiques (sortilèges, invocations, manipulations, etc.), le sens propre s'impose de lui-même. Si le texte, en revanche, contient seulement le qualificatifs *goês* ou *goêteia* appliqués à la cible et à ses actions, sans qu'il soit fait mention de pratiques occultes, c'est le sens figuré qui prime. Ce dernier cas de figure tend à prévaloir, en règle générale, lorsque le prophète n'accomplit pas de miracles ou se contente de les promettre. Mais, là aussi, les choses sont parfois plus compliquées qu'il n'y paraît.

Tout serait plus simple si les accusations au sens figuré dont nous disposons n'avaient pour cibles que des orateurs, des politiciens ou des gens de guerre. Dans ces cas-là, en effet, il est clair que l'accusation de magie ne joue qu'en tant que métaphore. Mais quand la personne visée par l'accusation au sens figuré est un prophète, il arrive fréquemment qu'on veuille aussi lire dans le texte une attaque au sens propre.

Pourquoi les textes de ce genre prêtent-ils si souvent à confusion ? Leur ambiguïté fondamentale réside dans le fait que la ou les personnes incriminées y sont impliquées dans une activité qui a rapport au sacré. Dès lors qu'une accusation de magie au sens figuré est énoncée dans un cadre "religieux", la tentation est forte de lire le terme de *goêteia* comme se rapportant à une manipulation illégitime du sacré en question, c'est-à-dire à de la sorcellerie. Dans la plupart des cas, une lecture minutieuse permet de reconnaître le caractère métaphorique de l'attaque, mais il est d'autres textes qui s'ingénient à entretenir l'ambiguïté. Examinons successivement deux exemples univoques et un troisième, plus équivoque.

---

[161] Voir Philon, *Lois spéciales*, I, 315; Josèphe, *Guerre Juive*, II, 168; Plutarque, *Des oracles de la Pythie*, 25.

a) Quand Plutarque qualifie d'*apateônes*, de *goêtai* et de *pseudomanteis* les diseurs et diseuses de bonne aventure qui officient aux abords des sanctuaires de la Mère des dieux et de Sérapis, il ne dénonce rien de plus que leur habileté à séduire par des oracles formulés en vers. Son but est de stigmatiser l'usage mensonger de la poésie que font les devins, non de dévoiler de quelconques pratiques magiques de leur part.[162]

b) Le ton de l'attaque est identique chez le philosophe cynique Œnomaus de Gadara qui publia, au IIème s. ap. J.-C., un pamphlet présentant la divination apollinienne comme une fraude dangereuse.[163] Le titre de son ouvrage semble avoir été : *hê goêtôn phora* (le "démasquage" des charlatans). Pour Œnomaus, Apollon est un *goês* malfaisant, un *sophistês*. Par ces insultes, cependant, il ne prétend nullement dénoncer des rites occultes que célèbreraient les prêtres d'Apollon, mais seulement la tromperie institutionnalisée que ces derniers cautionnent selon lui dans leurs sanctuaires.[164]

c) Passons maintenant à un exemple qui laisse la place au doute. L'auteur de la *deuxième Épître à Timothée* (*3, 13*) semble tout d'abord n'appliquer aux "faux docteurs" l'étiquette de *goêtai* qu'à cause de leur

---

[162] Plutarque, *Sur les oracles de la Pythie*, 25.

[163] L'ouvrage d'Œnomaus ne nous est parvenu que sous forme de fragments conservés pour la plupart par Eusèbe de Césarée dans sa *Préparation évangélique* (Livres V et VI). - Voir la thèse de Th. SAARMANN, *De Œnomao Gadareno*, Leipzig, 1887; l'excellente introduction de E. DES PLACES, dans son édition des livres V et VI de la *Préparation d'Eusèbe*, Paris, 1980, (in coll. : "Sources Chrétiennes", Vol. 266); et, plus récemment, l'édition du texte et le commentaire de J. HAMMERSTAEDT, *Die Orakelkritik des Kynikers Œnomaus*, Frankfurt, 1988.

[164] L'on rapproche souvent l'invective d'Œnomaus de celle que contient le fragment du Papyrus dit *de Daulis* (Berlin *P.11517*) publié par W. SCHUBART, "Aus einer Apollon-Aretalogie", in *Hermes. Zeitschrift für Classische Philologie*, 55, 1920, pp. 188-195. Le papyrus semble avoir eu une visée apologétique en rapportant l'accusation d'imposture contre le sanctuaire de Delphes. J. HAMMERSTAEDT, *Die Orakelkritik ...*, pp. 38-40, mentionne d'autres textes utilisant l'insulte *goês - goêteia* contres des devins; l'on peut y ajouter celui de Strabon, *Géographie*, X, 3, 23, qui signale que, dans certains cas, l'enthousiasme divinatoire peut confiner à l'imposture et au charlatanisme (*to agyrtikon kai goêteia engys*).

pouvoir de persuasion mis au service de doctrines erronées.[165] Rien ne laisse supposer qu'ils soient des sorciers à proprement parler, rien hormis la comparaison dressée entre eux et les magiciens de Pharaon, Jannès et Jambrès (3, 8). Il ressort de cet exemple que la frontière entre accusation métaphorique et assertorique se trouve parfois intentionnellement effacée par le locuteur. Celui-ci, en effet, a intérêt à laisser planer le doute sur le sens à donner aux termes : *magos*, *goês*, etc. S'il est possible de sous-entendre qu'en plus d'être un escroc et un charlatan, le prophète - thaumaturge trempe réellement dans la sorcellerie telle que la loi la réprime, l'efficacité polémique du texte en est augmentée d'autant.

1.3. "Démonter" les motifs stéréotypés :

En tant que procédé polémique issu de l'invective, l'accusation de magie contre un prophète thaumaturge s'exprime suivant un code préétabli, éprouvé par l'usage, immédiatement reconnaissable par tout un chacun et utilisable par quiconque avait suivi les premiers éléments d'une classe de rhétorique. Une série de stéréotypes, modulables à l'envi et choisis au gré de l'auteur selon les particularités de la cible, constitue la trame de l'accusation. Chacune de ces vignettes est servie par un lexique approprié, fonctionnant comme un point de repère ou de départ que l'auteur peut soit reproduire tel quel, soit moduler en alignant les synonymes et les paraphrases.

Pour s'efforcer de revenir à une version moins partiale à partir d'un récit d'accusation de magie, il faut, à un moment donné, décider de la valeur informative de ces charges stéréotypées. D'où la nécessité de distinguer entre les accusations entièrement fabriquées d'une part, et celles qui trahissent un fond de vérité d'autre part.[166] Les premières seront éliminées

---

[165] Sur 2 Tim. 3 comme texte d'invective, voir C. SPICQ, *Les Épîtres pastorales*, Paris, 1969, pp. 104-109 : les annotations sont ici des plus riches et des mieux documentées; l'argumentation de l'auteur souffre cependant de ce qu'il omet de distinguer suffisamment entre sens métaphorique et assertorique dans l'accusation de *goêteia*.

[166] Dans les conseils qu'il prodigue à l'avocat désireux de mentir à la barre, Quintilien insiste sur le souci du vraisemblable et ajoute : "Si on le peut, on ajustera ce qui n'est qu'imaginaire avec quelque circonstance vraie, ou on le fortifiera d'une preuve tirée de la cause elle-même, car quand on prend toutes ses allégations en dehors de la cause, elles finissent par révéler l'abus du mensonge" (*Institution oratoire*, IV, 2 : Trad. M.C.V. OUIZILLE, Paris, 1863, Vol. 1, p. 356).

d'emblée, quant aux secondes, on tentera d'en extraire le matériau de base qui a servi de support à la calomnie. L'exemple classique est celui du récit d'Irénée dans lequel Marc le gnostique est accusé d'être entouré de femmes riches qu'il ensorcelle, dépouille de leurs biens et déshonore.[167] Une fois éliminés les trois motifs de la magie, de la cupidité[168] et de la vie licencieuse,[169] l'on peut, sans craindre de se tromper, inférer que la secte marcosienne attirait tout simplement les représentantes de la haute société, probablement à cause du rôle important qui leur était imparti dans la célébration des sacrements.

La méthode à suivre pour repérer un stéréotype consiste avant tout à comparer les textes incriminant les prophètes thaumaturges pour en isoler les éléments communs (cf. *supra*, pp. 46-47). Pour augmenter nos chances d'identifier des lieux communs, il faut élargir graduellement notre champ d'investigation à d'autres textes qui ont pour sujet la magie et les magiciens. Les papyri magiques et la littérature magique en général doivent être exclus de l'enquête puisqu'ils ont la magie pour objet et non pour sujet.

a) Le premier ensemble de sources à considérer est celui que forment les *énoncés normatifs sur la magie*, c'est-à-dire, les textes législatifs à visée universelle qui définissent ce qu'est un magicien ou un charlatan sans nommer de cible précise. En effet, lorsqu'un auteur ancien porte une accusation de magie, il a souvent tendance à dépeindre sa cible en prenant modèle sur la figure-type du "sorcier" tel que le définit la loi. Le

---

[167] Cf. Irénée, *Adversus haereses*, I, 13, 5.

[168] Voir *infra*, Chap. 3, § 1.5 (pp. 122-127).

[169] Sur les invectives à teneur sexuelle en général, cf. W. Süss, *Ethos*, p. 249 : "Einen überaus breiten Raum nehmen in dem Stoffgebiet der *diabole* sexuelle Dinge ein"; cf. A. Richlin, *The Garden of Priapus: Sexuality and Aggression in Roman Humor*, New York, pp. 96-104. Dans la polémique religieuse, voir le pamphlet de Tite-Live contre les Mystères dionysiaques (XXXIX ,13, 10) et le discours de Fronton contre les Chrétiens in Minucius Félix, *Octavius*, IX, 2. - Dans l'accusation de magie : contre les philosophes (Polémon, *Physiognomonie*, p. 160 - éd. Foerster); contre les prophètes thaumaturges (Lucien, *Alexandre*, 39 et 42). L'accusation d'adultère et de débauche est particulièrement efficace lorsqu'on l'associe à l'accusation de magie amoureuse (voir le portrait d'Apion dressé par les *Homélies (Pseudo-) Clémentines*, V).

plus important de ces textes normatifs est sans conteste l'alinéa des *Lois* de Platon concernant :

> "ceux qui sont devenus comme des bêtes sauvages et tiennent les dieux pour négligents ou corrompus. Méprisant les hommes, ils charment (*psychagôgôsi*) les âmes de beaucoup des vivants et prétendent charmer celles des morts. Ils promettent de persuader (*peithein*) les dieux en les ensorcelant (*goêteuontes*) par des sacrifices, des prières et des incantations (*epôdais*), et tentent ainsi de ruiner complètement, non seulement des individus, mais aussi des familles et des cités entières pour l'amour du gain".[170]

Directement influencé par Platon, l'extrait des *Lois spéciales* de Philon cité plus haut[171] relève du même genre. Un autre passage de Philon, définissant le faux-prophète en tant que charlatan (*goês*)[172] doit également être versé au dossier. L'on peut encore y ajouter les divers alinéas de la *Lex Cornelia*,[173] certains sénatus-consultes dirigés contre les "mages, astrologues et chaldéens",[174] et un passage de Dion Cassius (52, 36, 1-4).

b) Une précieuse source d'information, essentielle pour la masse de matériaux qu'elle procure, est celle des textes de fiction, poésies, drames, romans, pièces satiriques qui mettent en scène des magiciens dans l'Antiquité.[175] L'on rappellera ici la Circé d'Homère, la Médée d'Ovide, Erictho chez Lucain, les sorcières d'Horace. Que ce soit dans l'*Âne d'or* de Lucien, dans son *Philopseudês*, dans les *Métamorphoses* d'Apulée, dans le

---

[170] Platon, *Lois*, X, 909ab.

[171] Cf. Philon, *Lois spéciales*, III, 100: voir, *supra*, Chap. 1, § 1.1-2 (pp. 30-36).

[172] Cf. Philon, *Lois spéciales*, I, 315.

[173] Cf. Paul, *Sententiae*, V, 23, 15-19. Cet extrait des "Sentences" du juriste romain Paul constitue une interprétation de la *Lex Cornelia* (promulguée en 81 av. J.-C.); le recueil datant environ de 212 ap. J.-C., les alinéas qui nous concernent couvrent l'ensemble des développements intervenus entre 81 av. et 212 ap. J.-C.

[174] Survol chronologique des divers décrets in : E. MASSONEAU, *Le crime de magie*, Paris, 1934, pp. 169 ss.

[175] E. TAVENNER, *Studies in Magic from Latin Literature*, New York, 1916, x + 155 pp.; J.E. LOWE, *Magic in Greek and Roman Literature*, Oxford, 1929, vii + 135 pp.; A.-M. TUPET, *La magie dans la poésie latine*, Paris, 1976; G. LUCK, *Arcana Mundi: Magic and the Occult in the Greek and Roman Worlds*, Baltimore-London, 1985, 395 pp.; F. GRAF, *La magie dans l'Antiquité gréco-romaine*, Paris, 1994, 322 pp. - chap. 6 : "La représentation littéraire de la magie" (pp. 198-230).

Satyricon de Pétrone, dans la *Vie d'Alexandre le Grand* de Callisthène ou dans les *Éthiopiques* d'Héliodore, le thème de la magie est omniprésent dans la littérature antique et fournit un ressort narratif très apprécié.[176] Tous ces ouvrages permettent d'avoir accès à la figure du sorcier ou de la sorcière telle qu'elle évoluait dans l'imaginaire antique. Les stéréotypes appliqués aux magiciens dans ces textes sont les mêmes que ceux que l'on utilisait pour accuser les prophètes de magie, à la différence près que, dans le cadre libérateur de la fiction, ces *topoi* sont poussés à l'extrême, soit dans le sens de l'horreur, soit dans celui de l'humour et de la dérision.

c) Les accusations de magie au sens figuré[177] sont une véritable mine d'or de stéréotypes. Dans la plupart des cas, l'on peut être certain que l'accusation d'imposture proprement dite (*magos, goês, sophistês, alazôn*, etc.) s'accompagne d'autres invectives connexes semblables à celles que l'on applique d'ordinaire aux prophètes thaumaturges (cupidité, débauche, arrogance, tromperie, etc.).

Pour saisir comment ces stéréotypes circulent entre plusieurs genres littéraires, prenons un texte contenant une accusation de magie et tâchons d'en isoler un motif particulier. Dans la version que donne Josèphe du récit d'Exode 7, le pharaon, après avoir assisté patiemment aux miracles de Moïse, prend la parole et accuse ce dernier de n'être qu'un sorcier qui croit pouvoir impressionner les Égyptiens par ses sortilèges, mais "qui ne doit pas s'attendre à être crédible chez eux comme auprès d'ignorants (*apaideutous*)".[178] Le terme *apaideutos*, signifiant littéralement "inéduqué", reflète, comme nous allons le voir, un lieu commun caractérisé.

Commençons par mentionner deux textes où cet adjectif apparaît dans un contexte similaire. Au cours de son développement sur le charlatanisme de Jésus, Celse se rappelle qu'un musicien égyptien lui a dit la chose suivante :

"En ce qui concerne la magie (*mageia*), c'est seulement sur les ignorants (*apaideutous*) et les gens aux mœurs corrompues qu'elle

---

[176] Cf. S. EITREM, "La magie comme motif littéraire chez les Grecs et les Romains," in : *Symbolae Osloenses*, 21, 1946, pp. 39-83.

[177] Cf. *supra*, Chap. 1, § 2.2 (pp. 43-44) et Chap. 2, § 1.2 (pp. 60-62).

[178] Flavius Josèphe, *Antiquités juives*, II, 285 (Trad. E. NODET, p. 118).

a quelque pouvoir, tandis qu'elle n'a aucun effet sur les philosophes parce qu'ils prennent soin d'observer une saine manière de vivre".[179]

Cette maxime permet ensuite à Celse d'affirmer que Jésus et ses disciples n'ont fait que profiter de la crédulité des couches les plus ignorantes de la population pour imposer leur fraude. Chez Lucien, le public d'Alexandre d'Abonotique, à savoir les habitants de la Paphlagonie et du Pont, sont qualifiés de gens "à l'esprit épais et ignorants" (*pacheis kai apaideutous*).[180]

   Comme on le voit dans Lucien, le motif du "manque d'éducation comme prédisposition à l'aveuglement" va de pair avec un certain nombre d'autres motifs complémentaires : immoralité, stupidité congénitale, etc., sont un terrain fertile pour imposer la croyance en la magie. Lucien insiste sans relâche sur la sottise invétérée des fidèles d'Alexandre (*pacheis, êlithioi, idiôtes, anoêtoi*);[181] Œnomaus, quant à lui, met l'accent sur la bêtise de ceux qui se laissent duper par les oracles (*abelteroi, êlithioi*),[182] Celse sur celle des Chrétiens (*elithioi, anoêtoi, anaisthêtoi*)[183] et Irénée sur celle des victimes de la magie des hérétiques (*sensum non habent, insensati*).[184]

   Le motif de la déraison et de la sottise des adeptes du charlatan apparaît, en outre, chez Philostrate, lequel affirme que : "l'ingéniosité de cet art [la magie] repose sur l'idiotie de ceux qui sont dupés par eux [les magiciens]" (*epi tê tôn exapatômenôn ... anoiâ keitai*).[185] - On le retrouve à l'oeuvre en 139 av. J.-C., dans un édit bannissant de Rome les astrologues dit Chaldéens "car, par leurs mensonges et par une fausse interprétation des étoiles, ils ont stupéfié des âmes simples et stupides (*levibus et ineptis ingeniis*) pour leur propre profit".[186]

---

[179] Celse, *Discours véritable* (*Logos alêthês*), in Origène, *Contre Celse*, VI, 41.

[180] Lucien de Samosate, *Alexandre ou le faux prophète*, 17.

[181] Lucien, *Alexandre* ..., 6, 9, 17, 20, 30, 42.

[182] Œnomaus de Gadara, in Eusèbe de Césarée, *Préparation évangél.*, V, 25, 4.

[183] Celse, *Discours véritable*, in Origène, *Contre Celse*, III, 49-50; III, 74.

[184] Irénée de Lyon, *Contre les hérésies*, I, 13, 1; II, 32, 3.

[185] Philostrate, *Vie d'Apollonius de Tyane*, VIII. 7 [Ed. : LOEB Classical Library, Vol. 2, p. 298] : cp. l'emploi d'*anoêtoi* dans le même chapitre (p. 294). Voir aussi, toujours de Philostrate, *Vie des sophistes*, 523 et 590.

[186] Cité par Valerius Maximus, I, 3, 3.

Le motif réapparaît enfin chez Dion de Pruse (dit Chrysostome) qui traite ses adversaires, les sophistes, d'*alazônes* (charlatans, arrogants), autour desquels, dit-il, on ne trouve le plus souvent qu'une "troupe de simplets" (*ochlon ... anthrôpôn elithiôn*), de même que les "plus idiots" (*anoêtotatai*) des chiens ne suivent aveuglément que les chiens les plus bruyants.[187] Les verbes que Dion utilise pour dépeindre l'influence mensongère des chiens rusés (c.-à.-d. des sophistes) sur les autres chiens moins futés, sont bien entendu *apatân* ou *exapatân*, les fidèles auxiliaires du *goês*.[188]

Dans ce passage en revue des diverses occurrences du motif de la bêtise des adeptes, nous avons fait usage de trois types de sources : quatre accusations de magie contre des prophètes thaumaturges (Josèphe, Lucien, Celse, Irénée), un énoncé normatif (le sénatus-consulte), deux textes d'accusation de magie au sens figuré (Œnomaus, Dion Chrysostome).

Th. HOPFNER avait déjà rassemblé quelques-uns de ces textes. Mais il est faux de prétendre, comme il le fait, que ceux-ci puissent nous révéler quoi que ce soit d'historiquement valable sur les conditions d'émergence du charlatanisme dans l'Antiquité.[189] L'ignorance et la stupidité préalables des victimes du magicien ne sont que des motifs rhétoriques utilisés dans un contexte polémique pour déprécier le ministère d'un prophète thaumaturge. Ils permettent à l'accusateur d'expliquer comment et pourquoi le prophète incriminé a réussi, malgré sa "fraude" manifeste, à rassembler des personnes qui croyaient en sa sincérité.

1.4. Repérer les distorsions circonstancielles :

La dernière phase de l'analyse consiste à identifier les artifices narratifs, détails tendancieux, additions ou omissions qui sont clairement défavorables à la cible. Ces distorsions, contrairement aux motifs stéréotypés, procèdent souvent des circonstances particulières dictées par le

---

[187] Dion de Pruse, *Quatrième discours sur la royauté*, 33-35 [Ed. LCL, pp. 182-185].

[188] Voir *infra*, Chap. 2, §§ 2.1.1.3 (pp. 77-79) et 2.2.1.2 (pp. 90-91).

[189] Cf. Th. HOPFNER, Art. : "*Mageia*", in : PAULY-WISSOWA, *Realencyclopädie*, Vol. 14, Stuttgart, 1930, col. 301-393 (col. 381-382).

récit. Elles n'ont pas, pour la plupart, de parallèles dans d'autres textes; il faut donc, pour les repérer, prendre en compte le contexte large et surtout le but de l'auteur. La question à poser sera toujours : en quoi ce point précis du récit sert-il le propos de l'accusateur ?

La marche à suivre est ensuite la même que pour les lieux communs. Après avoir identifié la pointe négative, l'on doit se demander si celle-ci se base ou non sur un fait authentique. En d'autres termes, l'auteur fabrique-t-il *ex nihilo* cette partie du récit ou bien s'inspire-t-il des faits pour l'élaborer ? Si l'on opte pour la deuxième branche de l'alternative, l'on s'efforcera de proposer une version des faits plus neutre. Si, en revanche, l'on en arrive à la conclusion que l'auteur a forgé de toutes pièces telle ou telle partie du récit, celle-ci devra être éliminée purement et simplement de la reconstitution.

Le procédé rhétorique qui consiste à mettre en scène son adversaire dans une situation déshonorante, ridicule, et généralement préjudiciable, était familier aux auteurs anciens. Cette technique diffamatoire, tout droit issue des règles de l'invective, donnait à l'avocat qui savait s'en servir, dans sa plaidoirie ou son réquisitoire, un avantage certain sur la partie adverse. Quintilien désigne ce type de distorsion par l'euphémisme "couleur", un terme emprunté à l'art pictural. Il note l'importance de la vraisemblance dans le processus de "coloriage" et précise que : "si on le peut, on ajustera ce qui n'est qu'imaginaire avec une circonstance vraie." Lors d'un procès :

> "Souvenons-nous encore de ne rien feindre (*fingere*) qui puisse être réfuté par un témoin; c'est-à-dire bornons-nous à ce que notre imagination nous fournira, et que nous seuls savons être faux; faisons parler les morts : ils ne viendront pas nous confondre; invoquons le témoignage de ceux qui ont le même intérêt que nous: ils ne nous démentiront pas; enfin mettons en scène notre adversaire lui-même, car il aura beau nier, on ne le croira pas."[190]

Le procédé de la "mise en scène", de l'historiette fabriquée à grand renfort de détails circonstanciels prend chez Cicéron le nom de *mendaciunculum* (petit mensonge).[191] Lui-même y a recours à plusieurs

---

[190] Quintilien, *Institution oratoire*, IV, 2 (Trad. M.C.V. OUIZILLE, Paris, 1863, Vol. 1, pp. 356-357).
[191] Cf. Cicéron, *De oratore*, II, 240.

reprises dans son libelle contre Pison.[192] Flavius Josèphe et l'auteur des Actes, comme nous aurons amplement l'occasion de le constater, en font un usage plus qu'abondant. Il faut bien comprendre que, pour ces auteurs, mentir dans le cadre d'un discours rhétorique, c'est-à-dire essentiellement polémique, n'était en rien immoral. Les joutes verbales permettaient, voire encourageaient, ces libertés prises avec les faits. L'effet recherché étant la persuasion de l'auditoire, la seule règle à suivre était celle de l'efficacité.[193]

2. EXEMPLES D'APPLICATION DE LA MÉTHODE :

Deux analyses de textes devraient nous permettre à la fois d'illustrer en détail les principes énumérés ci-dessus et de vérifier la validité de nos principes méthodologiques. Les deux exemples que nous avons choisis ont l'avantage de provenir de deux auteurs d'obédience religieuse différente, païenne pour Diodore de Sicile et juive pour Flavius Josèphe. Ils sont la preuve que l'accusation de charlatanisme constituait une sorte de *koinê* dans l'Antiquité, qu'elle était partagée par des groupes d'horizons extrêmement divers et pouvait être universellement comprise même si elle était adaptée aux caractéristiques culturelles particulières de chaque groupe. Notre but, rappelons-le, est de reconstituer pour chacun des textes une version des faits décrits qui soit la plus neutre possible et qui prenne en compte l'*arétalogie initiale*.

2.1. Eunus d'Apamée selon Diodore de Sicile :

La première rébellion servile qui secoua la Sicile entre 135 et 131 av. J.-C. fut menée par un esclave syrien nommé Eunus. Sacré roi par ses partisans, il organisa son royaume sur le modèle de la dynastie séleucide et parvint à mettre en péril durant plusieurs années la domination romaine sur la Sicile avant de subir une cuisante défaite devant les légions consulaires et

---

[192] Cf. Cicéron, *In Pisonem* (dans l'édition de R.G.M. NISBET, p. 196).

[193] Cf. O. REBOUL, *La rhétorique*, in coll. : "Que sais-je ?", Vol. 2133, Paris, 1984, p. 117 : "L'éthique des grands rhéteurs comme Cicéron et Quintilien se ramène à une déontologie d'avocats se résumant d'un mot : tout pour la cause ! On peut agir sur les émotions, truquer les faits, mentir même, la seule condition étant de ne jamais rien faire qui puisse nuire à sa cause".

une mort douloureuse en prison.[194] L'unique source d'informations de quelque envergure qui nous reste sur Eunus est celle que fournit la *Bibliothèque historique* de Diodore de Sicile, l'ouvrage fleuve d'un annaliste écrivant en grec et vivant à Rome. Le dernier événement qu'il rapporte remonte à l'an 21 av. J.-C. Sa date de naissance, approximative cela va de soi, est fixée à 90 av. J.-C.

Le récit de Diodore sur les guerres serviles ne nous est parvenu que sous forme de fragments, certains relativement longs, d'autres très courts, dispersés dans les ouvrages de plusieurs auteurs byzantins. Ces compilateurs médiévaux avaient pour habitude d'abréger ou de remanier leurs sources et leurs fragments n'offrent donc aucune garantie d'authenticité.[195] Dans le cas de l'épisode d'Eunus, cependant, tel que le retranscrit Photius,[196] l'extrait est suffisamment long et détaillé pour que l'on admette qu'il reflète plus ou moins fidèlement la version originale. Quant au bref passage que nous avons sélectionné, et malgré les objections que pourront nous adresser les philologues, nous posons d'emblée comme hypothèse de travail qu'il est bien de la main de Diodore.

Les savants s'accordent pour dire que Diodore a puisé ses informations sur les guerres serviles dans l'ouvrage d'un historien de la génération précédente, Posidonius d'Apamée (135-51 av. J.-C.), plus connu comme philosophe platonicien. Les recherches philologiques sur les sources de Diodore concernant la Sicile, conduites pour la plupart dans les universités allemandes à la fin du siècle dernier, concluent, dans certains cas, que l'historien aurait intégré tels quels dans son livre des passages

---

[194] La contribution la plus récente sur la première révolte sicilienne est celle de K.R. BRADLEY, *Slavery and Rebellion in the Roman World, 140 B.C. - 70 B.C.*, Bloomington/Indianapolis, 1992, pp. 46-65; voir aussi les pages consacrées à Eunus dans l'article, désormais classique, de Joseph VOGT, "The Structure of Ancient Slave Wars", in *Idem, Ancient Slavery and the Ideal of Man*, Cambridge, Mass., 1975, pp. 39-92 [1ère publication en 1953, en allemand]; ainsi que la bibliographie sur Eunus donnée par Franz BÖMER, *Untersuchungen über die Religion der Sklaven in Griechenland und Rom*, Vol. 3, Stuttgart, 1990, p. 271.

[195] Ainsi J.I. MacDOUGALL, *Lexicon in Diodorum Siculum*, Vol. 1, Hildesheim /New York, 1983, p. I, se refuse à inclure les fragments byzantins de Diodore dans son corpus de textes.

[196] Cf. Photius, *Bibliothèque*, 384a-386b; le fragment a été replacé dans le livre 34 de Diodore, des chapitres 2, 1 à 3, 24 (voir le volume 12 de l'édition de LOEB Classical Library, éd. R. WALTON, Cambridge, Mass., 1967).

entiers de Posidonius.[197] L'épisode d'Eunus fait peut-être partie de ces emprunts.

Ce qui nous intéresse en premier lieu n'est pas tant la figure historique d'Eunus que le portrait, ou dirions-nous, la caricature, qu'en fait Diodore. Les raisons de son animosité *post mortem* à l'encontre d'Eunus ne sont guère difficiles à démêler. Diodore écrivait un ouvrage de propagande passant en revue les divers peuples soumis par Rome. Il était lui-même originaire de la province dont il racontait le soulèvement et devait s'efforcer, par conséquent, de réaffirmer son allégeance au pouvoir central. En outre, à son époque, l'esprit de la révolte sicilienne n'était pas encore entièrement calmé puisque, selon Plutarque, il était encore actif et prêt à se manifester à nouveau lors de la révolte de Spartacus (73-71 av. J.-C.) qui fit rage de l'autre côté du détroit de Messine.[198] Diodore faisait corps avec le pouvoir romain et, dans son portrait d'Eunus, tenait certainement à contrer les récits héroïques (et, dans le cas d'Eunus, arétalogiques) qui devaient encore circuler à propos de ce leader, trop charismatique aux yeux du pouvoir, dans la population servile de la Sicile et de l'Italie du Sud. C'est dans cette perspective qu'il convient de lire l'accusation de magie portée contre Eunus par Diodore. Il est important de reconnaître dans son récit les schémas préconçus d'un auteur de cour, habile à manier les raccourcis tendancieux et les armes de l'invective en général. Les jugements modernes portés sur Diodore, attaquant son manque d'esprit critique et l'abondance de ses parti-pris ne nous concernent pas ici.[199] Bien au contraire, la transparence de ses préjugés et l'aspect ouvertement propagandiste de son écriture nous permettent de replacer l'accusation de magie dans le contexte qui est le sien, à savoir celui de la polémique et de l'invective.

---

[197] L'un des pionniers de cette théorie fut C.A. VOLQUARDSEN, *Die Quellen der griechischen und sicilischen Geschichten bei Diodor, Buch XI - XVI*, Kiel, 1868; sur les contributions plus récentes à la question, voir la bibliographie sommaire de K.R. BRADLEY, *Slavery and Rebellion ...*, Bloomington, 1992, p. 136.

[198] Cf. Plutarque, *Vie de Crassus*, X, 3 : Spartacus voulait raviver le feu dormant de la guerre servile en Sicile (*ekzopuresai ton doulikon ekei polemon*).

[199] Voir, par exemple, l'article de l'*Encyclopedia Britannica* consacré à Diodore (1926[13], Vol. 7, p. 281): "He shows none of the critical faculties of the historian"; ou encore H. KOESTER, *Introduction to the New Testament*, Vol. 1 : *History, Culture and Religion of the Hellenistic Age*, New York/Berlin, 1982, p. 131 : "Diodorus' own accomplishments as a historian are negligible".

Du passage de Diodore sur Eunus, nous extrayons les premiers paragraphes :

"Il y avait un eslave syrien qui appartenait à Antigène d'Enna; originaire d'Apamée, il était magicien et capable de réaliser des tours prodigieux. Il faisait semblant de prédire l'avenir d'après des ordres que les dieux lui donnaient dans son sommeil et il abusait nombre de gens grâce à son talent dans ce domaine.

Ensuite, améliorant son système, il ne se contentait plus de vaticiner d'après ses songes, mais il se mit à prétendre qu'il voyait aussi les dieux à l'état de veille et qu'il leur entendait dire l'avenir.

Beaucoup de ses prédictions manquaient leur but mais, par hasard, quelques-unes se réalisaient et, comme ce qui ne se réalisait pas ne lui était reproché par personne tandis que ce qui s'accomplissait était mis en vedette, la réputation qui entourait le personnage allait croissant.

Et pour couronner le tout, il usait d'un artifice pour cracher du feu et de la flamme de sa bouche tout en se livrant à des transports violents et c'est ainsi qu'il prédisait l'avenir. En effet, dans une noix ou dans quelque coquille du même genre qu'il perçait aux deux bouts, il introduisait du feu et quelque matière combustible, puis il mettait l'objet dans sa bouche et, en soufflant, il en faisait jaillir tantôt des étincelles et tantôt de la flamme.

Ce personnage, avant le soulèvement, disait que la Déesse Syrienne lui apparaissait et lui annonçait qu'il serait roi; il ne cessait de répéter cette prédiction non seulement à d'autres esclaves, mais aussi à son propre maître."[200]

2.1.1. Les stéréotypes :

2.1.1.1. "Magicien et faiseur de miracles" :

Eunus est appelé *magos* par Diodore. Cela signifie-t-il pour autant qu'Eunus se concevait lui-même comme tel ? Pour K.R. BRADLEY, Eunus

---

[200] Diodore de Sicile, 34, 2, 5-7 (Photius, *Bibliothèque*, 384b) : la traduction, non modifiée, est de René HENRY (Vol. 6 de la *Bibliothèque* de Photius, in "Collection Byzantine", Belles-Lettres, Paris, 1971, pp. 148-149).

avait consciemment et délibérément adopté le titre de mage, ainsi que les pratiques de la magie initiatique.[201] Les divers indices qu'il apporte à l'appui de sa thèse n'ont malheureusement pas la force d'arguments décisifs. Tout d'abord, le fait qu'Eunus crache le feu en prophétisant n'a rien à voir avec le culte du feu tel que le pratiquaient les mages de Perse. L'apparition de flammes mystérieuses accompagnant des transes prophétiques était un trait miraculeux commun dans l'Antiquité.[202] Ensuite, le rapprochement entre la noix d'Eunus et les noix qu'utilise le magicien imaginaire de Lucien dans son *Ménippe* (7) n'est pas valable : dans le premier cas, en effet, le fruit sert à une manipulation frauduleuse, dans le second à un rituel religieux. Enfin, rien ne prouve qu'Eunus, parce qu'il tenait à traiter avec modération certains propriétaires d'esclaves, ait été influencé par l'idéal d'harmonie sociale que développaient l'école des mages selon Plutarque.[203]

La tendance à sur-interpréter à partir d'infimes points de rapprochements s'exprime de façon très claire dans la remarque de l'archéologue C. ANNEQUIN à propos d'une découverte faite à Apamée, la patrie d'Eunus : à savoir le fragment d'un instrument divinatoire, daté au plus tôt du second siècle ap. J.-C., couvert de caractères magiques et de figures d'Hécate (la déesse tutélaire de la magie).[204] Pour cet auteur, l'objet démontre que la "magie syrienne", telle qu'Eunus l'aurait transportée en Sicile, avait subsisté dans les siècles ultérieurs. On voit là le défaut de raisonnement : non seulement l'interprète prend comme un fait établi qu'Eunus ait été un *magos*, mais il commet aussi l'erreur de généraliser à outrance à partir d'une trouvaille isolée, postulant l'existence d'une soi-disant "magie syrienne", qui n'est documentée par aucun texte ancien.

---

[201] Cf. K.R. BRADLEY, *Slavery and Rebellion* ..., pp. 113-114.

[202] Cf. Actes 2, 1-4 (la Pentecôte); voir Th. HOPFNER, in : PAULY - WISSOWA, *Realencyclopädie*, Vol. 14, Stuttgart, 1930, col. 1261-1262; J. VOGT, *Ancient Slavery and the Ideal of Man*, Cambridge, Mass., 1975, pp. 66-67.

[203] Cf. Plutarque, *Sur Isis et Osiris*, 46-47.

[204] La discussion suit l'article de G. DONNAY, "Instrument divinatoire d'époque romaine", in : *Fouilles d'Apamée de Syrie*, Bruxelles, 1984, p. 208; un appareil similaire, retrouvé dans un bien meilleur état de conservation, provient des fouilles de Pergame en Asie Mineure (cf. R. WÜNSCH, *Antikes Zaubergerät aus Pergamon*, Berlin, 1905).

L'objet en question est en effet beaucoup trop tardif par rapport à la période qui nous occupe. Il est probablement issu d'un milieu néo-platonicien et ne nous aide donc en rien à décider si Eunus s'engageait lui aussi dans de semblables pratiques divinatoires. Le texte de Diodore indique seulement qu'il était un adepte fervent de la Déesse Syrienne Atargatis, qu'il recevait d'elle des rêves, des visions et des oracles, non qu'il organisait des rituels destinés à en recevoir la révélation. Rien dans le texte n'indique qu'Eunus se soit considéré lui-même comme un *magos* professionnel qui se serait initié à son art en Syrie et aurait continué à l'exercer en esclavage. Il a tout bonnement emporté avec lui la religion de ses pères et, au moment de se rebeller contre des maîtres cruels, a puisé dans sa foi la force de mener la révolte.

Le qualificatif complet que Diodore applique à Eunus (*anthrôpon magon kai teratourgon ton tropon*) est manifestement péjoratif et ne reflète en rien la manière dont Eunus se définissait lui-même. *Magos* pourrait être remplacé ici par *goês*, comme dans la liste d'insultes traditionnelles contre prêtres et prophètes que dresse le lexicographe Pollux : "charlatans (...), magiciens, imposteurs (...), faiseurs de miracles" (*agyrtai, magoi, goêtes, thaumatôn demiourgoi*).[205] Et cela n'est certainement pas un hasard si la combinaison *goês - teratourgos* apparaît sous la plume de Lucien dans un texte à portée clairement satirique. Celui-ci rapporte la réponse du sceptique Mycillus à un coq parlant, qui déclare être Pythagore réincarné :

> "Tu veux parler du charlatan (*sophistên*), de l'escroc (*alazôna*) qui fit des lois contre quiconque goûterait de la viande ou mangerait des fèves, qui bannit de la table toute la nourriture que pour ma part je préfère, et qui ensuite essaya de persuader (*peithôn*) les gens qu'il était Euphorbus (litt.: le bien-nourri) ? On dit de lui que c'était un sorcier et un faiseur de miracles (*goêta... kai teratourgon anthrôpon*)."[206]

L'accusation de *goêteia* contre Pythagore en tant que prophète thaumaturge est déjà attestée chez le poète Timon de Phliase (ca. 270 av. J.-C.) :

---

[205] Pollux, *Onomasticon*, VII, 188-189.
[206] Lucien de Samosate, *Le rêve* ou *Le coq* [Ed. : LOEB Classical Library, R. HARMON, éd., Vol. 2, pp. 178-181].

"Il descend au niveau du charlatan (*goêtas*) avec ses illusions trompeuses (*doxas*), tendant ses pièges aux hommes, Pythagore, amateur de gravité pompeuse".[207]

Plutarque reproche au philosophe d'avoir usé de tours enfantins, comme de montrer une cuisse dorée pour démontrer l'origine divine de ses doctrines. Il adresse le même reproche à Numa, le roi de Rome, pour avoir voulu renforcer l'effet de ses lois en prétendant qu'elles lui étaient dictées par un être semi-divin, la nymphe Egérie.[208] Dans le midrash de Josèphe sur Exode 7, le Pharaon reste incrédule devant les prodiges de Moïse, un autre législateur, et l'accuse de les avoir opérés "par des jongleries et des sortilèges" (*teratourgiais kai mageiais*).[209] Les substantifs *teratourgia* et *mageia* sont ici employés côte à côte dans un label appliqué non pas directement à la personne incriminée (comme *magos kai teratourgos* chez Diodore), mais à ses actes.

La raison pour laquelle Diodore a choisi *magos* plutôt que *goês* s'explique par ce qui suit dans le texte. Le but de l'auteur est, en effet, de démontrer la fraude d'Eunus, de prouver que ses prodiges prétendument surnaturels ne sont en réalité que de simples tours de passe-passe (cf. le truc de la noix remplie de pétrole). Comme nous le verrons plus en détail,[210] les *magoi*, les "mages" au sens positif du terme, étaient couramment accusés de recourir à des subterfuges lorsqu'ils opéraient des miracles. Des livres étaient écrits contre eux pour dénoncer et décrire leurs manipulations et, par assimilation, toute personne que l'on soupçonnait d'utiliser les mêmes procédés pouvait recevoir le qualificatif, cette fois infamant, de *magos*.

---

[207] Timon de Phliase, *Les silles*, in Plutarque, *Vie de Numa*, 5.

[208] Cf. Plutarque, *Vie de Numa*, 5-6 : Plutarque parle des procédés et actes miraculeux (*teratôdeis mêchanas kai praxeis*) de Pythagore. Notons que le terme *mêchanê*, caractéristique de l'accusation de magie, sert à Diodore pour désigner le "truc" de la noix remplie de pétrole : grâce à un certain procédé (*dia tinos mêchanês*).

[209] Cf. Flavius Josèphe, *Antiquités Juives*, II, 284.

[210] Voir *infra*, Chap.2, § 2.1.1.5 (pp. 80-83).

L'*Epitomê* latin de Florus contient une courte notice sur Eunus qui semble dériver de la même source que Diodore.[211] Le roi-prophète y est bien présenté comme un adepte d'Atargatis qui s'adonnait au charlatanisme, mais le terme *magos* (ou *magus, incantator, maleficus* en latin) manque à l'appel :

> "Un certain esclave Syrien nommé Eunus (le sérieux de nos défaites fait que l'on se rappelle de lui), simulant la frénésie inspirée et balançant ses cheveux en l'honneur de la Déesse Syrienne, incitait les esclaves à saisir et leur liberté et les armes sous prétexte d'un ordre venu des dieux (*quasi numinum imperio*). Afin de prouver qu'il agissait sous l'inspiration divine, il dissimulait dans sa bouche une noix qu'il avait remplie de souffre et de feu, et, en soufflant doucement, il produisait une flamme quand il parlait".[212]

Nous avons là une indication supplémentaire que le qualificatif de *magos* provient bien de Diodore lui-même, et ne remonte pas à l'Eunus historique.

2.1.1.2. Simulation et contrefaçon :

L'aptitude à simuler, à imiter le comportement véridique du prophète thaumaturge, représente l'atout majeur du charlatan. Diodore informe son lecteur qu'Eunus ne recevait pas vraiment de rêves ou de visions divinatoires, il "prétendait" (*prosepoieito*) ou "feignait" (*hypekrineto*) seulement de les avoir. Le procédé polémique utilisé ici est des plus rudimentaires : il consiste à mentionner telles quelles les traditions arétalogiques concernant le prophète en les faisant précéder d'un verbe dépréciateur suggérant qu'elles ne sont que fraude et singerie.

Ainsi le verbe *prospoiein*, pris dans le sens de "feindre" ou de "simuler" est l'un des plus communément usités. Diodore s'en sert pour discréditer les conjectures astrologiques d'Athénion, l'un des chefs de la seconde révolte servile (104 av. J.-C.) :

---

[211] Florus écrit dans la seconde moitié du principat d'Hadrien (127-138 ap. J.-C.) : son résumé des guerres serviles de Sicile semble basé sur les ouvrages historiques perdus de Posidonius et de Tite-Live, dont Diodore fait également usage de son côté.

[212] L. Annaeus Florus, *Epitomê*, II, 7.

"Il prétendait (*prosepoieito*) que les dieux lui prédisaient par les astres qu'il serait roi de toute la Sicile".[213]

Le verbe sert chez Hippocrate à présenter la "profonde piété" dont se revêtent les prêtres-guérisseurs comme un exemple de forfanterie mensongère (*prospoieontai sphodra theosebes einai*).[214] Xénophon d'Éphèse parle également de "devins" (*manteis*) et de "prêtres" (*hieras*) qui, appelés au chevet d'une malade, "prétendaient (*prospoioun*) que la maladie venait des dieux souterrains".[215] *Prospoiein* sert également à discréditer l'extase prophétique d'Alexandre chez Lucien de Samosate (*memênenai prospoioumenos*).[216] Après avoir lancé un avertissement contre les magiciens qui mentent dans leur pratique de la divination, Dion Cassius les compare aux pseudo-philosophes, ceux qui "affectent" de philosopher (*philosophein prospoioumenos*).[217] Le prophète d'Apollon, qui pour le cynique Œnomaus de Gadara n'est qu'un habile *goês*, "affecte de prédire l'avenir" (*prolegein prospoietai*).[218] Lorsque Marcos, dans le récit d'Irénée, prononce l'épiclèse sur le vin de l'eucharistie, il ne fait que feindre de rendre grâces (*prospoioumenos eucharistein*),[219] un motif repris par Firmilien dans son portrait-charge de la prophétesse montaniste qui avait osé remettre en question le pouvoir du mâle dans sa communauté d'Asie Mineure (*et eucharistiam facere simularet*).[220]

2.1.1.3. Tromperie et séduction :

La notion de "duperie" est celle que l'on trouve le plus fréquemment associée à l'accusation de magie tout au long de l'Antiquité.

---

[213] Diodore de Sicile, 36, 5, 1-2 (Photius, *Bibliothèque*, 389a).

[214] Hippocrate, *Du mal sacré*, II, 4-5.

[215] Cf. Xénophon d'Éphèse, *Éphésiaques*, 1, 5, 7 (éd. A.D. PAPANIKOLOU, Stuttgart, 1973, p. 7 : lignes 3-4).

[216] Lucien, *Alexandre ou le faux-prophète*, 12.

[217] Dion Cassius, *Histoire romaine*, LII, 36, 4.

[218] Œnomaus de Gadara, *Les charlatans démasqués* (*Goêtôn phora*), in : Eusèbe de Césarée, *Préparation évangélique*, V, 23, 7.

[219] Irénée de Lyon, *Adversus haereses*, I, 13, 2.

[220] Firmilien de Cappadoce, in Cyprien, *Correspondance*, LXXV, 10, 5; voir également l'usage du verbe *fingere* en LXXV, 10, 3.

Les verbe *apatân* et *exapatân* (tromper), le substantif *apatê* (tromperie) et le qualificatif *apateôn* (charlatan) sont parmi les plus répandus. *Planan*, *planê* et *planos* apparaissent avec régularité bien que moins fréquemment.[221] Un exemple tiré de Platon montre que, dès le début du quatrième siècle avant J.-C., le verbe *apatân* venait tout naturellement à l'esprit de quiconque entendait décrire l'activité du *goês* en général : "celui qui nous trompe (*apatân*) et nous fait croire en de fausses impressions".[222] Dans le cadre de l'accusation de magie au sens figuré, les termes *goêteia* et *apatê* sont communément employés comme synonymes à la fin de l'ère hellénistique pour décrire un langage artificieux et charmeur.[223]

Diodore de Sicile choisit la formule à la fois la plus générale et la plus efficace de l'accusation, celle qui consiste à mentionner : "et il trompa un grand nombre de gens" (*kai pollous... exepata*); elle est en usage constant depuis les textes les plus anciens jusqu'aux plus tardifs. Le *terminus a quo* se trouve chez Hippocrate, lequel précise à propos des prêtres exorcistes qu'ils trompent les hommes (*kai anthrôpous exapatôsi*) en leur prescrivant des purifications et en leur farcissant la tête de discours sur l'intervention des esprits.[224] Selon Flavius Josèphe, Theudas s'était gagné le soutien des foules en promettant de réaliser des miracles qu'il était bien incapable de susciter et, "en disant cela, il en trompa beaucoup" (*kai tauta legôn pollous epatêsen*).[225] Une occurrence de la formule sous sa forme substantivée chez Œnomaus est particulièrement révélatrice du champ sémantique dans lequel elle apparaît le plus volontiers : selon lui, les oracles des devins ne sont que "fraudes et astuces de charlatans imaginées pour duper la populace" (*goêtôn de andrôn planas kai sophismata epi tê apatê tôn pollôn eskeuorêmena*). La formule devient presque un tic chez les apologistes et hérésiologues chrétiens : Justin s'en sert à deux reprises, une fois à propos de Ménandre (*pollous exapatêsai dia magikês technês*), une seconde fois au sujet de Simon et Ménandre (*kai magikas dynameis*

---

[221] Pour des exemples tirés du N.T., voir en 2 Thim. 3, 13 les : *ponêroi anthrôpoi kai goêtes*, accusés de duper les autres et de se duper eux-mêmes (*planôntes kai planomenoi*), ou encore, en Ap. 18, 23, Babylone, dont il est dit : "par tes sortilèges tous les peuples ont été fourvoyés" (*en tê pharmakeia sou eplanêthêsan panta ta ethne*).

[222] Platon, *La république*, 380d; voir aussi 598b et d.

[223] Denys d'Halicarnasse, *Isée*, 4.

[224] Hippocrate, *Du mal sacré*, III, 13-14.

[225] Flavius Josèphe, *Antiquités juives*, XX, 98. Nous étudierons plus en détail l'usage d'*apatân*, *apatê*, etc., chez Josèphe dans la section suivante sur "le prophète égyptien" (cf. *infra*, Chap. 2, § 2.2.1 : pp. 87-93).

poiêsantes pollous exêpatêsan).[226] Irénée l'applique également à l'hérétique Marcos qui, par son imposture magique, "trompa beaucoup d'hommes et pas peu de femmes" (*et viros multos et non paucas foemines seducens*); ou encore, "par d'autres choses du même genre [ses faux miracles], il en trompa beaucoup" (*kai alla tina paraplêsia poiôn exepatêse pollous*).[227] Enfin, la prophétesse accusée de possession démoniaque par l'évêque Firmilien "trompa beaucoup de fidèles" (*plurimos deceperat*) en feignant de célébrer l'eucharistie et le baptême.[228]

Nous aurons l'occasion de revenir sur la notion de duperie, et au vocabulaire qui l'exprime, dans la section suivante consacrée à Flavius Josèphe et à sa description du "prophète égyptien".[229]

2.1.1.4. Invention des oracles :

Pour expliquer la réussite d'Eunus et le fait que sa réputation de prophète ait grandi si rapidement, Diodore applique à ses oracles plusieurs lieux communs dérivant à la fois de l'accusation de charlatanisme et de la polémique anti-divinatoire. D'après lui, les oracles d'Eunus étaient "concoctés" (*schediazomenôn*) par lui seul, signifiant ainsi que les dieux n'étaient pour rien dans leur formulation. Cela équivaut à l'accusation de *goêteia* que Philon porte à l'encontre du faux-prophète parce que, dit-il, celui-ci "tout en mentant, a lui-même forgé ses formules et ses oracles" (*epeidê pseudomenos logia kai chresmous eplasato*)".[230] Le verbe *plassein* (inventer, forger) de Philon correspond au *schediazomein* de Diodore.

---

[226] Justin Martyr, *1ère Apologie*, 26, 4 et 56, 1.

[227] Irénée de Lyon, *Adversus haereses*, I, 13, 1 et 2; le premier paragraphe du chapitre 13 n'est conservé que dans sa traduction latine; avec le second commence la version originale grecque conservée grâce à la transcription d'Épiphane (*Panarion*, XXXIV, 2).

[228] Firmilien, in : Cyprien, *Correspondance*, LXXV, 10, 5; voir en outre l'emploi de *decipere* en LXXV, 10, 2.

[229] Voir *infra*, *Chap.* 2, § 2.2.1 (pp. 87-93).

[230] Cf. Philon d'Alexandrie, *Lois spéciales*, I, 315. Voir aussi Lucien, *Alexandre*, 22, où le prophète est accusé de : "combiner la conjecture et l'imagination" (*to eikastikon tê epinoiâ prosaptôn*).

Diodore explique ensuite que les prophéties d'Eunus ne tombaient juste, ou dans ses propres termes, "n'atteignaient la vérité" (*alêtheian exebaine*) que "par hasard" (*apo tychês*). Cet argument provient tout droit de la polémique antique contre la divination enthousiaste. Ainsi, Cicéron concède que les prophéties (*coniectura*) prononcées par des gens ivres ou dérangés (*ex insanorum aut ebriorum visis*) peuvent parfois saisir l'avenir (*futura videantur*) : "mais qui, dit-il, s'il tire à la cible une journée entière, ne finira pas par l'atteindre ?".[231]

Un autre type d'attaque, légèrement différent, consiste à accuser le prophète de prononcer le même oracle pour chaque question qui lui est posée, laissant ainsi le soin aux *exêgêtai* de l'adapter aux circonstances du demandeur.[232]

2.1.1.5. Prestidigitation :

L'arétalogie d'Eunus, telle qu'elle circulait, oralement ou par écrit, dans les troupes d'esclaves en révolte, puis chez ceux qui révérèrent sa mémoire, devait comporter plus d'un récit de miracle opéré par le roi - prophète. Ces récits avaient pour fonction de légitimer la vocation prophétique d'Eunus et de prouver que ses oracles en faveur du soulèvement général contre les colons romains lui avaient bien été dictés par les dieux. Les miracles d'Eunus étaient là pour démontrer que les esclaves étaient dans leur droit lorsqu'ils décidèrent de se révolter.

Pour le détracteur d'Eunus qu'est Diodore, il importe de montrer que la rébellion était injustifiée et inutile. Or, pour atteindre son but, Diodore se doit absolument de réfuter l'argument selon lequel le soulèvement avait reçu le sceau de l'approbation divine. La première phase de l'attaque consistait, nous l'avons vu, à dénier l'inspiration divine aux oracles d'Eunus : ceux-ci n'étaient que pure "invention" de sa part. La deuxième phase, tout aussi cruciale que la première, demande à ce que les miracles censés rendre manifeste l'intention des dieux soient eux aussi disqualifiés comme des "inventions" purement humaines. Nier le surnaturel dans les prodiges d'Eunus est donc indispensable à la démonstration d'ensemble de l'auteur. L'explication par la prestidigitation, choisie par

---

[231] Cicéron, *De divinatione*, II, 59 (121) : *Quis est enim, qui totum diem iaculans non aliquando colliniet ?*

[232] Cf. Apulée, *Métamorphoses*, IX, 8.

Diodore ou sa source, est celle qui vient le plus naturellement à l'esprit, du moins pour un lecteur moderne.

Dans les premiers siècles de notre ère, porter une accusation d'illusionnisme contre un prophète thaumaturge demandait que l'on fût familier avec une certaine forme de littérature à la fois polémique et humoristique, celle des manuels qui énuméraient et expliquaient les divers trucs des "magiciens" :

"Or, les procédés et artifices variés, par lesquels ils [les magiciens] accomplissent des signes célestes et produisent des miracles (*terateuontai*) à grande échelle, ont été consignés par écrit par certains auteurs, lesquels se rient ouvertement de l'art [magique]".[233]

Grâce à Hippolyte de Rome, un fragment relativement important d'un ouvrage de ce genre nous a été conservé, comprenant des recettes utilisées par les charlatans pour provoquer des apparitions spectrales, des faits étonnants et prétendument surnaturels.[234] Sur la base de tels recueils, le travail de l'accusateur consistait à repérer, parmi les miracles du prophète, celui ou ceux pour lesquels une interprétation par l'illusionnisme pouvait convenir. Il ne lui restait plus ensuite qu'à "révéler" la supercherie. Lorsque le besoin s'en faisait sentir, quelques modifications mineures apportées au récit de miracle originel permettaient de faire coïncider les faits et l'explication proposée.

Lucien de Samosate, dans son *Alexandre*, est un adepte convaincu de cette méthode. La naissance miraculeuse du dieu-serpent Glykon (13), la tête humaine qu'arbore le même dieu (12), ses oracles "autophones" (26) et ses pouvoirs divinatoires s'étendant jusqu'à deviner les questions mises par écrit sur des tablettes scellées (20-21), tous ces prodiges sont démasqués l'un après l'autre comme de pures escroqueries. Pour le premier et dernier miracle au moins, il ne fait aucun doute que Lucien ait trouvé ses explications dans un manuel du type décrit plus haut : les parallèles avec les fragments d'Hippolyte sont trop frappants pour être dus au hasard.[235]

---

[233] Philostrate, *Vie d'Apollonius de Tyane*, VII, 40.

[234] Cf. Hippolyte de Rome, *Philosophoumena*, IV, 28-42. Cf. R. GANSCHINIETZ, *Hippolytos' Capitel gegen die Magier*, in coll. : "Texte und Untersuchungen ...", Vol. 39/2, Leipzig, 1913, 77 pp.

[235] Comparer Lucien, *Alexandre*, 21, et Hippolyte, *Philosophoumena*, IV, 34.

Lucien, enfin, reconnaît lui-même qu'il est familier de ces ouvrages lorqu'il loue le dédicataire de son pamphlet contre Alexandre, un certain Celse, pour avoir écrit un précieux *kata magôn*.[236]

Il nous faut ici revenir un moment à Hippolyte qui, bien que tard venu par rapport à la période que couvre notre enquête, nous permet de saisir comment l'accusateur disposant d'un tel manuel n'hésitait pas à manipuler le récit de miracle, afin qu'il se prête le mieux possible à l'explication choisie.

L'un des prodiges eucharistiques de l'hérétique Marc dénoncé comme "magique" par Irénée, celui de la grande coupe qui déborde du contenu d'une autre coupe plus petite, fournit le point de départ de l'accusation. Irénée (*Adv. haer.*, I, 23, 2) accumule les termes négatifs ("prétendre", "duper", etc.), mais ne parvient pas à expliquer quel est exactement le truc utilisé par le charlatan.[237] Son intuition est qu'il y a là quelque chose de semblable aux "enfantillages d'Anaxilaus", un philosophe pythagoricien rendu fameux par l'usage qu'il faisait de coupes truquées pour réaliser des tours de passe-passe.[238]

Quelques décennies plus tard, Hippolyte (*Phil.*, VI, 39-40) reprend le récit du maître tout en y apportant plusieurs précisions en apparence insignifiantes : après avoir versé le vin de la petite coupe dans la grande, Marcos procédait, dit-il, à l'opération inverse et ainsi de suite jusqu'à ce que le miracle du débordement se produise (VI, 40, 1); ensuite, les disciples de Marcos se précipitaient pour la communion (VI, 40, 4), une indication également absente du texte d'Irénée. La raison pour laquelle Hippolyte introduit ces modifications ne doit pas être cherchée bien loin. D'après lui, les hérétiques ne font qu'appliquer à la lettre les recettes des charlatans, ceux-là même dont il a exposé les procédés dans son quatrième livre. Marcos aurait usé d'une drogue aux propriétés effervescentes, habilement dissimulée au fond de la petite coupe, pour faire augmenter le liquide de volume (VI, 40, 3). La drogue, précise-t-il, n'est efficace qu'à deux

---

[236] Lucien, *Alexandre*, 21 : "Un excellent et fort utile traité, susceptible d'aider ses lecteurs à garder leur bon sens (*sôphronizein*)".

[237] Sur les hésitations d'Irénée, voir É. AMANN, Art. : "Marc le gnostique", in : *Dictionnaire de Théologie Catholique*, Vol. IX/2, Paris, 1927, col. 1961.

[238] Voir Pline, *Histoire naturelle*, 28, 181; 32, 141; 35, 175; - cf. M. WELLMANN, *Die Physika des Bolos Demokritos und der Magier Anaxilaos von Larissa*, Vol. 1, Berlin, 1928. Anaxilaos était un philosophe et un savant qui, comme son modèle Pythagore, fut accusé de magie puis chassé de Rome sous Auguste, vers 28 av. J.-C. (cf. Eusèbe de Césarée, *Chron.*, 188, 1).

conditions : le liquide auquel elle est mélangée doit être transvasé plusieurs fois afin d'y mêler le plus d'air possible, et le produit mousseux ne doit pas être laissé au repos trop longtemps, de peur qu'il ne retombe. On comprend maintenant pourquoi, chez Hippolyte, Marc doit procéder à des transvasements successifs et ses adeptes consommer si promptement le vin eucharistique.

La tendance qu'ont les polémistes de l'Antiquité à retoucher des récits de manière à ce qu'ils s'insèrent dans leur démonstration n'a rien d'étonnant en soi : tous les moyens étaient bons pour faire tomber l'adversaire. Quant au scrupule historique, il n'était pas de mise dans le feu de la controverse. Nous aurons encore l'occasion de rencontrer un semblable mépris des faits chez Flavius Josèphe, et il faudra se rappeler, au moment où nous aborderons le texte d'Actes 8, que la distorsion narrative est la clef de voûte de l'accusation de magie.

2.1.2. Essai de reconstitution :

D'après la méthode dont nous avons exposé les principes (cf. *supra*, § 1, pp. 55-69), il est possible de soumettre les textes d'accusation de magie contre les prophètes thaumaturges à une analyse systématique, destinée à identifier puis à éliminer l'un après l'autre les motifs stéréotypés de l'invective. A partir des éléments qui résistent à ce criblage, nous avons émis l'hypothèse selon laquelle l'on pouvait ensuite recomposer une version des faits correspondant, sinon à la façon dont se définissait l'accusé lui-même, du moins à une image plus proche de celle que s'en faisaient ses partisans.

Le texte de Diodore se prête remarquablement bien à cette procédure. Ecartons tout d'abord les lieux communs de l'accusation : le double qualificatif (*anthrôpos magos kai teratourgos*), les marqueurs indiquant la fraude et la simulation (*prospoiein, hypokrinomai*), la formule de la tromperie généralisée (*exapatân*), la présentation des oracles comme inventions humaines (*schediazomenôn*) et enfin la dénonciation de la prestidigitation (*dia tinos mêchanês*). Une fois tous ces *topoi* mis de côté, il reste un noyau d'éléments irréductibles qui, mis bout à bout, reflètent la façon dont Eunus lui-même, et non plus son chroniqueur, comprenait sa propre mission : il était un esclave syrien originaire d'Apamée qui prédisait lc futur sur ordre des dieux, au moyen de rêves, et recevait même des visions divines à l'état de veille. La Déesse Syrienne, en particulier, lui apparaissait pour lui prédire qu'il serait roi, et ses oracles s'accompagnaient de signes miraculeux, comme des flammes sortant de sa bouche.

Tous ces traits permettent de reconstituer la figure d'Eunus. Probablement capturé lors d'une des campagnes d'invasion romaines, il était un esclave de la première génération, gardant le goût de la vie libre, qui avait emporté avec lui en terre étrangère sa dévotion à la Déesse Syrienne de Hiérapolis, Atargatis. Des témoignages épigraphiques confirment que les esclaves recouraient à son aide contre des maîtres ingrats.[239] L'intérêt d'Eunus pour la divination coïncide avec celui qu'y portèrent par la suite deux autres leaders de la seconde rébellion servile en Sicile, laquelle survint une génération après celle d'Eunus en 104 av. J.-C. : Salvius "semblait être un expert dans l'art des augures";[240] Athénion, quant à lui, était passé maître dans celui de l'astrologie.[241] L'originalité d'Eunus était qu'il ne recevait pas seulement des visions oniriques, comme celles, par exemple, que percevaient les dévots d'Esculape lors de la nuit d'*incubatio* passée dans le sanctuaire du dieu;[242] il était l'objet d'une faveur toute particulière de la part de la déesse puisque celle-ci lui apparaissait dans le monde réel pour lui prédire sa destinée (cp. Actes 9, 3-7).[243] Mieux encore, les dieux

---

[239] Cf. une inscription de Délos dédiée à la "Sainte Aphrodite" (le nom grec d'Atargatis) par un esclave nommé Théogénès (publiée dans le *Bulletin de Correspondance Hellénique*, 6, 1882, p. 50). Sur le culte de la *Dea Syria* chez les esclaves, voir J. VOGT, *Untersuchungen über die Religion der Sklaven*, Vol. 3, Stuttgart, 1990, pp. 84-109.

[240] Cf. Diodore., 36, 4, 4 (*dokounta tês hieroskopias empeiron einai*). Diodore essaie de dépeindre Salvius comme un charlatan de la même trempe qu'Eunus; pour cela il utilise le verbe *dokein* (sembler, paraître), un marqueur de duplicité équivalent à *prospoiein* (cf. *supra*, pp. 76-77). *Dokein* apparaît chez Platon pour décrire les illusions suscitées par les magiciens (*République*, 380d), chez Flavius Josèphe pour jeter le doute sur la réalité des miracles opérés par les sorciers de Pharaon (*Ant.*, II, 287), chez Celse pour discréditer les prodiges de Jésus (in Origène, *Contre Celse*, I, 6), chez Origène pour attaquer les prodiges du sanctuaire d'Antinoüs (*ibidem*, III, 36).

[241] Cf. Diodore, 36, 5, 1 (*kai tês astromantikês pollên echôn empeirian*).

[242] Cf. H.C. KEE, *Miracle in the Early Christian World. - A Study in Socio-Historical Method*, New Haven/London, 1983, pp. 78-104, le chapitre 3 intitulé : "Asklepios the Healer".

[243] Pour un passage en revue de ces manifestations surnaturelles, cf. J.S. HANSON, "Dreams and Visions in the Greco-Roman World and Early

utilisaient Eunus comme l'instrument de leur théophanie : la flamme mystérieuse qu'il émettait de sa bouche lors de ses accès d'enthousiasme confirmait la validité de ses oracles et démontrait, aux yeux des spectateurs, que la divinité intervenait bien dans le monde des hommes. Ce schéma théophanique, dans lequel un individu élu devient l'agent d'un pouvoir cosmique, apparaît également dans les Actes des Apôtres. Comme Eunus, les apôtres prophétisent et accomplissent des miracles. Il faudra attendre les actes apocryphes pour que, comme lui, ils fassent l'objet d'accusations de magie.

Plus d'un demi-siècle après Eunus, Spartacus, général en chef de la révolte des gladiateurs et des esclaves en Italie (73-71 av. J.-C.) prit Eunus pour exemple. A l'instar de son prédécesseur, Spartacus était, aux yeux de l'état romain, l'ennemi public numéro un. Dans la version officielle des faits, il était dépeint comme un révolutionnaire et un malfaiteur. Pour ses proches et ses partisans, en revanche, il était un bienfaiteur, un libérateur doté d'une habileté stratégique extraordinaire. Et, comme pour Eunus, sa carrière de général commence par des signes de faveur envoyés par les dieux. L'épouse de Spartacus, elle-même prophétesse et membre d'une confrérie dionysiaque, l'ayant trouvé un jour endormi avec un serpent enroulé sur son visage, y vit le signe "d'un grand et formidable pouvoir" (*megalês kai phoberas dunameos*) qui le mènerait à un heureux destin".[244] La prophétie ne se réalisa pas exactement comme prévu; l'on sait en effet, que Spartacus, après les avoir maintes fois vaincues, fut anéanti par les armées romaines.

Ainsi, que ce soit avec Eunus, Salvius, Athénion ou Spartacus, la rébellion servile usait d'une propagande religieuse complexe pour justifier le recours aux armes. La contre-attaque officielle, dont Diodore se fit le porte-parole, n'avait d'autre choix que de présenter cette tentative de légitimation par le surnaturel comme une imposture avérée. Nous observerons le même phénomène avec Flavius Josèphe et les prophètes zélotes de Palestine.

2.2. Le prophète égyptien selon Flavius Josèphe :

Christianity", in : *Aufstieg und Niedergang der Römischen Welt*, Vol. II, 23, 2, 1980, pp. 1395-1427.
[244] Cf. Plutarque, *Vie de Crassus*, 8, 3.

D'abord général en chef de la rébellion juive en Galilée puis, emmené captif à Rome, chargé de rédiger l'histoire "officielle" des guerres juives par son protecteur Vespasien, l'historien Flavius Josèphe occupait à la cour impériale une place de choix, enviée de beaucoup. Accusé tantôt d'avoir trahi la cause de l'indépendance juive, tantôt de continuer à mener en secret depuis Rome des activités clandestines autonomistes, Josèphe était soumis à un constant feu croisé de critiques.[245]

Pour sa défense, il présente sa reddition comme lui ayant été dictée par Dieu lui-même. Cette soudaine vocation prophétique lui était venue, affirme-t-il, de rêves énonçant clairement l'inutilité d'un soulèvement contre l'invincible machine de guerre romaine.[246] Fidèle à son rôle de prophète, il avait même, peu après sa capture en juillet 67, prédit à son vainqueur Vespasien qu'il accèderait sous peu à la législature suprême.[247] Deux ans plus tard, la prédiction se réalisait et Josèphe devenait citoyen romain, client de la maison impériale. Son ouvrage *Sur la guerre juive*, publié vers 79, lui sert d'une part, à justifier le choix qu'il a fait de cesser de croire en la viabilité d'une révolte armée et d'autre part, à apporter sa contribution à la propagande impériale.[248] La recherche récente place sa tentative dans la catégorie de l' "historiographie apologétique".[249]

Le rebelle repenti s'inscrit clairement dans la tradition des prophètes juifs, simples instruments dans la main de leur Dieu, bravant de façon désintéressée les préjugés et les inconséquences politiques de leur temps. Pour appuyer ses prétentions à l'inspiration divine authentique, Josèphe ne pouvait faire autrement que de décrire les autres prophètes qui avaient poussé le peuple à la révolte en se réclamant d'une mission semblable, comme des prophètes menteurs et simulateurs. Grâce à ces accusations de charlatanisme, Josèphe est en mesure d'établir la distinction entre d'une part, le groupe des prophètes juifs authentiques, celui auquel

---

[245] *Autobiographie*, 423-425.

[246] *Guerre juive*, III, 350-354; cf. R. GNUSE, "Dream Reports in the Writings of Flavius Josephus", in : *Revue Biblique*, 96, 1989, pp. 358-390.

[247] *Guerre juive*, III, 399-402.

[248] Cf. C. SAULNIER, "Flavius Josèphe et la propagande Flavienne", in : *Revue Biblique*, 96, 1989, pp. 545-562.

[249] Cf. l'ouvrage de G. E. STERLING, *Historiography and Self-Definition: Josephos, Luke - Acts and Apologetic Historiography*, (Suppl.N.T., Vol. 64), Leiden/New York, 1992, XIV + 500 pp.

Jésus fils d'Ananias[250] et lui-même appartenaient, et d'autre part, la masse confuse des "faux-prophètes" suicidaires.[251]

C'est dans ce contexte que s'inscrit notre deuxième exemple d'accusation de charlatanisme. La cible en est cette fois un prophète "égyptien", bien connu des néotestamentaires puisqu'il fut confondu avec Paul par un tribun en Actes 21, 38. En voici le texte :

> "Le faux-prophète égyptien fut l'instrument d'un coup bien pire porté aux Juifs. Un homme parut en effet dans le pays, un charlatan qui s'était attribué à lui-même la réputation de prophète.
>
> Il rassembla environ trente mille dupes et les fit tourner en rond depuis le désert jusqu'au mont appelé Mont des Oliviers.
>
> De là, il proposa d'entrer de force dans Jérusalem et, après qu'ils se fussent rendus maîtres de la garnison romaine, de s'établir tyran du peuple, employant ceux qui seraient entrés avec lui comme sa garde personnelle.
>
> Son attaque fut anticipée par Félix qui vint à sa rencontre avec l'infanterie lourde romaine et toute la population qui s'était jointe à lui dans la défense. Du combat qui s'ensuivit, il résulta que l'Égyptien s'enfuit avec quelques-uns de ses partisans. La plupart de ceux qui s'étaient joints à lui furent soit tués soit faits prisonniers; le reste de la foule se dispersa, tous s'échappant en secret vers leurs demeures respectives."[252]

2.2.1. Les motifs stéréotypés :

2.2.1.1. "Faux prophète et charlatan" :

Dès les premières lignes, Josèphe accable d'emblée son adversaire sous un feu roulant d'invectives. Ces insultes viennent s'ajouter à celles

---

[250] Cf. *Guerre juive*, VI, 300-303 : Josèphe insiste ici sur le fait que Jésus, qui avait prédit la chute du Temple, était réellement inspiré (*daimonioteros*, 303) lorsqu'il prononçait ses oracles.

[251] Voir *supra*, p. 49s. pour les références des textes sur les *goêtai* chez Josèphe.

[252] Flavius Josèphe, *Guerre juive*, II, 261-263 (selon notre traduction).

proférées un peu plus haut, dans le paragraphe précédent (II, 259), contre les prédécesseurs de l'Égyptien, en ces termes :

> "Des imposteurs et des fourbes (*planoi (...) anthrôpoi kai apateônes*), fomentant des troubles révolutionnaires sous prétexte d'inspiration divine (*proschêmati theiasmou*)".

Si l'on retient ces deux injures préliminaires contre les charlatans en général (*planos, apateôn*), et si on leur ajoute les deux autres que Josèphe adresse à l'Égyptien en particulier (II, 260), l'on obtient la séquence suivante : *planos, apateôn, pseudoprophêtês, goês*. - Comparons-la maintenant avec le texte de Plutarque qui s'en prend aux "exégètes" versificateurs d'oracles sur les places de marché.[253] Pour le prêtre de l'Apollon delphique, qui préfère que la divination soit réservée à certains sanctuaires reconnus et non à des praticiens privés,[254] la poésie s'est ici mise au service de n'importe qui, "de fourbes, de charlatans et de faux devins" (*apateôsi kai goêsin anthropois kai pseudomantesin*). Il ne manque à cette liste que *planos* pour fournir un parallèle quasi-exact à la série d'injures sélectionnée par Josèphe.[255] Que nous apprend cette comparaison ? Elle montre une fois encore combien le langage de l'accusation de magie dans l'Antiquité est stéréotypé, dans quelle mesure il est à la fois codifié et flexible, fait pour répondre aux besoins des groupes religieux les plus divers.

Mais considérons de plus près les trois formules qu'emploie Josèphe pour dénier l'inspiration prophétique à l'Égyptien : elles expriment chacune, bien que n'étant pas placées par ordre croissant, une intensité variable de diffamation :

a) La première n'est pas véritablement une insulte, au sens où celles-ci sont souvent des mots isolés propres à l'échange rapide. C'est plutôt une périphrase sarcastique qui remet en question la qualité de la cible : "il s'est attribué à lui-même la réputation de prophète" (*kai prophetou pistin epitheis eautô*), ce qui sous-entend qu'il n'a reçu sa mission prophétique d'aucune autre autorité que de lui-même, et certainement pas de Dieu.

---

[253] Cf. Plutarque, *Sur les oracles de la Pythie*, 25 : (voir *supra*, pp. 59-61).

[254] Plutarque s'en prend aux *engastrimythoi* apolliniens dans son traité : *Sur la cessation des oracles*, 6; - cp. Ac. 16, 16.

[255] La différence entre *pseudomantis* et *pseudoprophêtês* est mineure et ne tient qu'à l'appartenance religieuse du locuteur : un païen désignera plus volontiers un professionnel de la divination sous le nom de *mantis*, un juif sous celui de *prophêtês* (Cf. E. FASCHER, *Prophêtês : eine sprach- und religionsgeschichtliche Untersuchung*, Giessen, 1927, IV + 228 pp.).

b) Le deuxième terme, *pseudoprophêtês*, est une insulte qui sort tout droit de l'arsenal polémique du Judaïsme de l'époque[256]; elle apparaît dans le Nouveau Testament[257] et connaîtra une vogue sans précédent dans les controverses chrétiennes des deuxième et troisième siècles. Le titre revendiqué par l'Égyptien (*prophêtês*), y est encore présent comme dans la première attaque, mais l'adjonction du préfixe *pseudo-*, en créant un nouveau substantif, achève d'objectiver la fraude imputée et porte l'attaque au-delà de la périphrase : l'Égyptien n'est plus seulement un prophète sans réelle mission divine, il est un faux-prophète, le représentant d'une catégorie déterminée, reconnue et clairement identifiable.

c) Le troisième terme, *goês*, ne contient plus aucune référence lexicale à l'activité prophétique revendiquée par l'Égyptien. Dans l'étiquette d' "imposteur", de "charlatan", le préfixe *pseudo-* a définitivement supplanté *prophêtês*. L'insulte *goês* suggère avant tout la fraude, le mensonge et la simulation. La connotation religieuse que véhicule encore le mot est entièrement secondaire par rapport à sa charge polémique.

Le fait que Flavius Josèphe utilise le terme de *goês* pour avilir celui qu'il estime être un faux-prophète n'est pas dû au hasard. Le texte législatif déjà cité[258] de Philon d'Alexandrie montre que le concept de fausse prophétie appelait celui de *goêteia* :

> "Si quelqu'un, se revêtant lui-même du nom et de l'habit de prophète, et prétendant être possédé par l'inspiration, nous conduit à adorer les dieux d'autres villes, nous ne devons pas l'écouter ni être trompés (*apatômenous*) par le nom de prophète. Car un tel homme n'est pas un prophète mais un imposteur (*goês*), puisque ses oracles et ses dires sont des mensonges inventés par lui-même".[259]

Les éléments stéréotypés apparaissent ici avec d'autant plus de clarté qu'ils sont sans objet précis. Philon fournit des lieux communs et un vocabulaire

---

[256] Cf. J. REILING, "The Use of *pseudoprophêtês* in the Septuagint, Philo and Josephus", in : *Novum Testamentum*, 13, 1971, pp. 147-156.

[257] Cf. Mt. 7, 15; 24, 11; Mc. 13, 22; Luc 6, 26; Ac. 13, 6 (voir *supra*, p. 59); 2 P. 2, 1; 1 Jn 4, 1; Ap. 16, 13; 19, 20; 20, 10.

[258] Cf. *supra*, pp. 60 (n. 161), 64 (n. 172) et 79 (n. 230).

[259] Philon, *Lois spéciales*, I, 315 (selon notre traduction).

polémique d'usage général, susceptibles d'être appliqués et modulés dans une offensive individuelle comme celle de Josèphe. L'outil rhétorique, prêt à l'emploi, trouve sa raison d'être sur le terrain. Il ne remplit sa fonction et n'existe véritablement que lorsqu'il sert à détruire, salir et discréditer une personne déterminée dans un contexte précis. Il est intéressant de constater, sous ce rapport, que la panoplie polémique affûtée par Philon perd de sa rigidité conceptuelle, devient plus flexible et acquiert une vie propre dès lors qu'elle est appliquée à une situation particulière. L'on ne voit pas, en effet, que Josèphe traite l'Égyptien de faux-prophète parce que celui-ci appelle les foules à suivre d'autres dieux que celui d'Israël, comme l'on pourrait s'y attendre compte tenu de la définition philonienne. L'Égyptien est déclaré *faux*-prophète simplement parce qu'il a promu un choix politique que le locuteur Josèphe réprouve. Si l'Égyptien avait exhorté les foules à se soumettre aux Romains et non à se révolter contre eux, l'historien des guerres juives l'aurait présenté, sans hésitation aucune, comme un porteur d'oracle authentique.

Après ce qui vient d'être dit, l'accusation de magie que porte Josèphe contre le prophète égyptien et ses semblables ne peut raisonnablement pas être comprise comme une attaque au sens propre. Josèphe aurait certainement exploité l'origine égyptienne du prophète s'il avait voulu le dénoncer comme un véritable *magos*.[260] En outre, Josèphe ne rapporte pas qu'aucun des prophètes ait jamais réalisé l'un des signes qu'ils annonçaient : une attaque assertorique, visant à présenter les miracles comme ayant été obtenus par magie, n'était donc pas requise par le matériau de base. La seule revendication adverse que Josèphe se devait de réfuter était celle des prophéties. L'accusation métaphorique était, dans ces conditions, pleinement suffisante pour atteindre le but souhaité.[261]

2.2.1.2. Les dupes :

Josèphe disqualifie l'adhésion des foules au prophète comme une illusion collective; celles-ci sont composées de "dupes" ou, littéralement, de "personnes dupées" (*tôn epatêmenôn*). Il était doublement prévisible que le verbe *apatân* apparût ici. Tout d'abord, comme nous l'avons vu dans

---

[260] Le voyage en Égypte pour apprendre la magie est un stéréotype de l'accusation de sorcellerie : Celse l'utilise à propos de Jésus (in Origène, *Contre Celse*, I, 28), les *Homélies Clémentines* (II, 22) à propos de Simon (voir ici, p. 7).
[261] Cf. *supra*, Chap. 2, § 1.2 (pp. 60-62).

l'exemple d'Eunus, *apatân* et les termes apparentés (*exapatân*, *apatê*, *apateôn*) figurent parmi les mots-clefs les plus courants de l'accusation de magie.[262] Ensuite, si l'on scrute attentivement la définition normative que donne Philon du *goês*, l'on y trouve le conseil de ne pas lui prêter attention de peur d'être "trompés (*apatômenous*) par le nom de prophète".[263]

Le participe passé passif d'*apatân*, tel que l'emploie Josèphe dans notre texte, est en particulier bien attesté dans les accusations de magie, avec ou sans le préfixe *ex-*. Ainsi, pour Celse :

> "c'est sous la conduite de Moïse, leur chef, que des gardiens de chèvres et de moutons, l'esprit abusé d'illusions grossières (*agroikois apatais psychagôgêthentes*), ont cru qu'il n'y avait qu'un seul dieu (...). Ils adorent les anges et s'adonnent à la magie (*goêteia*) à laquelle les initia Moïse (...). Les Juifs, bernés par l'ignorance, sont tombés dans l'erreur (*hypo amathias esphalêsan exapatômenoi*)".[264]

L'on reconnaîtra ici le thème de la stupidité et de l'inculture comme condition préalable à la croyance accordée au charlatan.[265] Rappelons que, pour Philostrate, l'efficacité de la magie "repose toute entière sur la folie des dupes (*tôn exapatômenôn*)".[266] Concluons en mentionnant les deux passages d'Irénée où l'hérétique Marcus est accusé de profiter de l'attraction qu'il exerce sur de riches femmes, d'une part pour les épater par des tours de passe-passe et, d'autre part pour les jeter dans un état de stupeur par ses incantations magiques : dans les deux cas, la victime est une "dupe" (*exapatômenê*).[267]

2.2.1.3. Mener, détourner, égarer :

---

[262] Chez Flavius Josèphe, cf. *Ant.*, II, 284 (*apatê* et *mageiai*); X, 104 et 111 (*ex*)-*apatân* et *pseudoprophêtês*); *Contre Apion*, II, 145 et 161 (*goês* et *apateôn*).

[263] Cf. Philon, *Lois spéciales*, I, 315.

[264] Cf. Celse, *Logos alêthês*, in Origène, *Contre Celse*, I, 23 et 26.

[265] Cf. *supra*, § 1.3 (pp. 62-67).

[266] Cf. Philostrate, *Vie d'Apollonius*, VIII, 7 (Ed. : LOEB, Vol. 1, p. 298).

[267] Cf. Irénée, *Adversus haereses*, I, 23, 2 et 3.

Le prophète égyptien, nous dit Josèphe, "promena circulairement" (*periagagôn*)[268] ses dupes dans le désert avant de les amener à Jérusalem. Le verbe *agein* ("mener", "conduire") revient régulièrement dans les accusations de magie pour signaler l'emprise du charlatan sur les foules. La racine simple (*agein*) peut y être prise au sens propre (déplacer physiquement quelqu'un ou quelque chose) ou au sens figuré (amener quelqu'un à faire quelque chose). Dans le second cas, le contexte général de l'accusation de magie confère *a priori* une connotation négative au verbe *agein*, mais l'accusateur peut, s'il le veut, rendre l'attaque plus explicite en ajoutant les préfixes *peri-*, *hypo-*, *para-* ou *apo-*. Le verbe prend alors le sens plus précis de : "séduire", "égarer", "détourner", "fourvoyer à force de paroles", etc., et devient un synonyme d'*apatân*.[269] Josèphe utilise *periagein* au sens propre tout en jouant, probablement sur le double sens.

Un peu plus haut dans son récit, Josèphe se sert déjà de ce motif à propos des faux-prophètes en général : "et ils les menaient dans le désert" (*kai proêgon eis tên erêmian* - *Guerre*, II, 259). La définition philonienne du faux-prophète, outre *goês* et *apatân*, contient aussi le lieu commun de l'imposteur qui "conduit" (*agei*) les foules à renier leur monothéisme.[270]

Un passage de Celse, très proche de celui de Josèphe tant dans son contenu que dans sa forme, livre un intéressant parallèle. Celse s'y étonne de la crédulité des Chrétiens, et surtout de ce que Nietzsche nommera beaucoup plus tard leur "sacrifice de l'intellect". Pour l'auteur du *Discours véritable*, les Chrétiens sont semblables à :

> "ceux qui croient sans raison aux prêtres mendiants de Cybèle et aux devins, aux dévots de Mithra et de Sabazios (...). Car de même que souvent parmi eux des hommes pervers prennent avantage de l'ignorance des gens faciles à tromper et les mènent à leurs guise, ainsi en va-t-il des Chrétiens".[271]

---

[268] Nous prenons *periagein* au sens littéral; au sens figuré, le verbe a une connotation fortement négative, celle de "détourner, fourvoyer à force de paroles" (cf. BAILLY, *Dictionnaire Grec-Français*, Paris, 1963[26], p. 1520).

[269] Ainsi, pour *periagein* : Dion Chrysostome, *Quatrième discours sur la royauté*, 33; Lucien, *Nigrinus*, 8; - pour *hypagein* : Philostrate, *Vie d'Apollonius*, VIII, 7 (éd. LCL, p. 298); *Vie des sophistes*, 590; - pour *paragein* : Diodore de Sicile, V, 64, sur les Idéens Dactyles; - pour *apagein* : Irénée, *Contre les hérésies*, I, 23, 2.

[270] Cf. Philon, *Lois spéciales*, I, 315.

[271] Celse, *Logos alêthês*, in Origène, *Contre Celse*, I, 9.

La comparaison du christianisme avec les cultes orientaux, clairement esquissée ici bien avant Franz CUMONT,[272] fait honneur à la pénétration de Celse, même si elle est formulée dans un contexte polémique. Mais notre propos n'est pas ici celui de l'histoire des religions, et nous nous contenterons d'examiner les formules que Celse utilise : les "gens faciles à tromper", cette matière première que les charlatans façonnent à leur gré, sont rendus en grec par *hoi euexapatêtoi*, un terme composé du préfixe *eu-* et du verbe-clef *exapatân*. Dans le texte de Josèphe, rappelons-le, les foules qui suivent le prophète sont des "dupes" (*apatômenoi*). Contrairement à Josèphe, cependant, Celse insiste sur l' "ignorance" (*idiôteia*) des victimes, faisant ainsi appel, de surcroît, au motif de la bêtise préalable des dupes.

Mais la formule de Celse qui nous intéresse au premier chef est celle qui exprime le don qu'ont les charlatans à "mener" leurs dupes "où ils veulent" (*agousin autous hê boulontai*). L'expression est en fait l'équivalent exact du *periagein* de Josèphe : les mouvements circulaires du faux - prophète sont là pour démontrer qu'il a entièrement subjugué ses sectateurs, qu'il est en mesure de leur dicter toutes ses volontés, aussi absurdes soient-elles. La formule de Celse semble plus commune que celle choisie par Josèphe. On la devine en effet derrière la traduction latine de la lettre de Firmilien : le démon qui possédait la prophétesse, est-il-dit, trompa les fidèles qui "lui obéissaient et le suivaient où qu'il voulût les conduire" (*ut sibi oboedirent et quocumque praeciperet et duceret sequerentur*).[273] Presque contemporain de Firmilien, Hippolyte de Rome (c. 230) puise à la même source d'inspiration lorsqu'il accuse son adversaire Calliste de n'être qu'un *goês* qui a "mené le pape Zéphirin où il voulait" (*êgen eis ho <e>bouleto*).[274] Le texte d'Hippolyte est entièrement tributaire de la rhétorique de l'accusation de magie, puisque l'on y rencontre également le verbe *apatân* et le motif de la bêtise.[275]

---

[272] Dans son célèbre ouvrage, *Les religions orientales dans le paganisme romain*, Paris, 1906.

[273] Cf. Firmilien de Cappadoce, in Cyprien, *Correspondance*, LXXV, 10, 3.

[274] Cf. Hippolyte de Rome, *Philosophoumena*, IX. 11. 1.

[275] Le pape Zéphyrin, la victime de Calliste, est décrit comme un "homme stupide et ignorant" (*andra idiôtên kai agrammaton*).

2.2.2. Les descriptions tendancieuses :

Pour identifier les distorsions qu'a apportées Flavius Josèphe à
l'histoire du prophète égyptien, il est bon, tout d'abord, de repérer ce qui,
dans notre texte (*Guerre juive*, II, 261-263), s'inspire de la description-type
qu'il donne lui-même des imposteurs en II, 259 :

> "[Ils] persuadèrent les foules de déraisonner et les menèrent dans
> le désert en leur faisant croire qu'ils leur donneraient là des signes
> de délivrance (*sêmeia eleutherias*)".

Il y a de fortes chances pour que Josèphe ait transposé sur l'Égyptien
certains détails de cette notice générale pour bien montrer que celui-ci
s'insérait dans le même groupe de charlatans. La mention du désert est, de
ce fait, doublement suspecte : premièrement parce qu'elle offre un décor
aux déambulations sans but (*periagein*) dont nous avons vu qu'elles étaient
calomnieuses, et deuxièmement parce qu'elle aide à assimiler l'Égyptien aux
planoi. Bien que cela revienne à contredire notre méthode, on retiendra
pourtant la mention du désert comme un trait authentique car elle est
mentionnée dans une autre source probablement indépendante de Josèphe :
en Ac. 21, 38, en effet, il est dit que l'Égyptien avait "entraîné ses partisans
dans le désert" (*exagagôn eis tên erêmon*).[276]

Effectuons maintenant l'opération inverse et voyons ce qui, bien
que présent dans la notice générale, ne réapparaît pas dans la description de
la carrière du prophète égyptien. Ce sont, sans aucun doute, les "signes de
délivrance" (*sêmeia eleutherias*) qui manquent à l'appel. Parvenus à ce
stade, il faut se demander pourquoi Josèphe a omis de reproduire la
promesse des miracles alors qu'elle lui permettait de resserrer le parallèle
entre l'Égyptien et les *planoi*. Probablement, pourrait-on penser, parce que
celle-ci figurait réellement parmi les prétentions du prophète égyptien et
qu'elle allait à l'encontre d'une autre calomnie que Josèphe entendait lui
substituer.

---

[276] La question de savoir si Luc dépend ou non de Josèphe en Ac. 21, 38, ainsi
qu'en Ac. 5, 36 (Theudas), a longtemps mis à l'épreuve la perspicacité des
spécialistes. Les commentaires des Actes sont souvent partagés sur ce point.

Tout s'éclaire lorsque l'on examine le tableau de la prise manquée de Jérusalem par le prophète et ses troupes. Telle que Josèphe la dépeint, l'entreprise de l'Égyptien n'a rien de prophétique. Elle procède, au contraire, de motifs parfaitement égoïstes et vils, à savoir l'appétit du pouvoir, la volonté bassement matérielle de régner en autocrate (*tou demou tyrannein*).[277] L'on est en droit d'écarter cela comme une atteinte de plus à la mémoire du prophète et de restituer des motifs plus désintéressés, comme par exemple, la libération (*eleutheria*) de Jérusalem et la mise en fuite des impies qui profanent la ville sainte et son Temple.

La promesse d'un *sêmeion* céleste serait particulièrement bien-venue lorsque le prophète rassemble ses fidèles sur le mont des Oliviers. Josèphe, en toute logique, ne peut pas rapporter cette prophétie, car l'annonce d'un secours divin va à l'encontre de ses arguments diffamatoires. Pour lui, l'entreprise du prophète se doit d'être d'origine purement humaine, comme une opération militaire dont le succès reposerait entièrement sur le nombre et la détermination de ses troupes. Jérusalem doit être prise de force (*biazesthai*), la garnison romaine capturée (*kratêsas*) pour que le pouvoir séculier du despote puisse s'établir.

Mais Josèphe ne se contente pas de jeter le discrédit sur les motivations du prophète; celles de ses partisans font également l'objet d'une attaque en règle. Dans la version de Josèphe, leur désir d'entrer dans Jérusalem ne leur est pas dicté par leur foi dans les paroles du prophète ou dans l'éventualité d'une théophanie; il n'y a que l'espoir d'une récompense et d'avantages matériels qui soit assez puissant pour les pousser à prendre la ville. Le tableau du marchandage, dans lequel le prophète tente de convaincre ses troupes d'avancer en faisant miroiter devant leurs yeux la promesse de les intégrer à sa garde personnelle (*chrômenos tois syneispesousin doryphorois*) après la victoire, sent trop la diffamation pour être pris au sérieux.

---

[277] L'aspiration à la tyrannie est un *topos* de l'invective politique dans la rhétorique grecque et latine : cf. de S. KOSTER, *Die Invektive ...*, 1980, p. 367, *s.v.*: "Tyrann" de l'index thématique.

Le dernier élément que l'on puisse relever qui soit manifestement forgé pour la circonstance est celui de la milice spontanée des Jérusalémites. La sortie opérée par Felix et ses soldats est loin d'être dépeinte comme la décision arbitraire d'un occupant bien décidé à écraser toute velléité de liberté parmi les populations soumises. Au contraire, d'après la description de Josèphe, les habitants de Jérusalem sont en faveur d'une réponse musclée et décident de joindre leurs forces à celles des Romains. La formule de Josèphe, trop englobante pour refléter la vérité historique (*pas ho demos synephêpsato tês amynês*), sous-entend que le prophète n'avait aucun soutien dans la place, qu'il était considéré comme un danger public même par ceux qu'il entendait libérer. Ce détail du récit est trop outré pour ne pas provenir d'une distorsion délibérée et doit, par conséquent, être éliminé de la version neutre des faits telle que nous pouvons maintenant la reconstituer. Il est plus vraisemblable que seule la milice armée juive qui gardait le temple se soit jointe aux troupes romaines.[278]

2.2.3. Reconstitution et vérification :

Pour obtenir un récit moins négativement chargé que celui de Josèphe, commençons par écarter les trois stéréotypes de l'accusation de magie tels que nous les avons identifiés : premièrement, les formules qui remettent en cause l'authenticité du ministère prophétique (*pseudoprophêtês, goês, pistin prophetou epitheis eautô*); deuxièmement, l'épithète d'*apatomenous* appliqué aux foules, et, troisièmement, le parcours circulaire imposé par le prophète (*periagagôn*). Eliminons ensuite les distorsions circonstancielles : les velléités despotiques de l'Égyptien, les motivations intéressées de la foule, la milice des Jérusalémites. Rajoutons enfin l'élément, absent du récit de Josèphe mais qui s'impose en toute logique, de la promesse du secours miraculeux devant les murs de Jérusalem.

Après soustraction et addition des divers éléments, l'on obtient une version nettement plus favorable au protagoniste de l'histoire : un homme venu d'Égypte, probablemement un juif de la diaspora, poussé par une révélation divine, se rend en Palestine, prophétise la fin de la domination romaine, rassemble des croyants au désert, les amène sur le Mont des

---

[278] Cf. M. HENGEL, *Die Zeloten. Untersuchungen zur jüdischen Freiheits-bewegung in der Zeit von Herodes I bis 70 n. Chr.*, Leiden/ Köln, 1976², p. 237.

Oliviers et leur annonce un signe divin qui devrait signifier à tous que Dieu est à leurs côtés; l'épisode se termine par la répression brutale de l' "insurrection".

Si nous n'avions que le texte de la *Guerre juive* pour nous guider dans notre reconstruction, nous devrions nous limiter à spéculer de la sorte, comme nous l'avons fait pour Eunus à partir du passage de Diodore. Fort heureusement, dans le cas de Flavius Josèphe, nous disposons d'un moyen sûr de vérifier nos déductions et, par là même de confirmer la validité de la méthode que nous avons choisie.

La *Guerre juive* est, c'est bien connu, un ouvrage de guerre, au sens où la dimension polémique l'emporte de loin sur le souci de rapporter fidèlement et de manière neutre les événements de la rébellion. Josèphe écrit moins de dix ans après la fin du conflit, vers 79,[279] alors que les passions sont loin d'être encore éteintes. Soucieux d'obtenir l'approbation impériale pour son ouvrage, constamment en butte aux critiques de ses anciens compagnons d'armes et aux insinuations de ses collègues de cour, Josèphe est en quelque sorte contraint de forcer le trait et d'affirmer avec véhémence sa haine à la fois pour la révolte et pour ceux qui l'encourageaient de leurs oracles. De là le ton virulent et la distorsion délibérée des faits tels qu'ils percent dans notre texte. Ce n'est que bien des années plus tard, vers 93-94, dans les *Antiquités juives*, que Josèphe aborde les mêmes événements à la manière d'un véritable historien. Dans cet ouvrage éminemment apologétique, qui se propose de retracer l'histoire du peuple juif depuis les origines à l'intention d'un public païen, la rébellion de 40-70 n'est plus le point focal, mais seulement un épisode malheureux dans une geste grandiose :

> "A cette époque, un Égyptien vint à Jérusalem, disant qu'il était prophète et conseillant au peuple de se rendre avec lui au mont dit des Oliviers qui se tient face à la ville, à une distance de cinq stades. Car il disait vouloir leur démontrer de là qu'à son commandement les remparts de Jérusalem s'écrouleraient, et il leur promettait de leur permettre d'entrer dans la ville par ce moyen.

---

[279] Pour les dates de composition de la *Guerre* comme des *Antiquités*, nous adoptons la chronologie de G. MAYER, Art. : "Josephus Flavius", in : *Theologische Realenzyklopädie*, Vol. 17, Berlin, 1988, pp. 261-262.

Quand Félix apprit cela, il ordonna aux soldats de prendre leurs
armes et, s'élançant de Jérusalem avec un grand nombre de
cavaliers et de fantassins, il tomba sur ceux qui entouraient
l'Égyptien, en tuant quatre cent et en faisant prisonnier deux cents.
L'Égyptien lui-même s'échappa de la bataille et disparut."[280]

La plupart des traits diffamatoires et insultants que nous avons relevés ont
désormais disparu. La promesse du miracle est restituée, mais elle est
rapportée en des termes encore défavorables au prophète et qui peuvent,
voire doivent, prêter à confusion. Si l'on en croit Josèphe, l'Égyptien
déclarerait être en mesure d' "ordonner" (*keleusantos autou*) aux remparts
de s'écrouler, comme s'il disposait à lui seul, sans l'aide d'un agent
surnaturel, du pouvoir de déplacer les objets à distance. L'accusation de
magie, ou tout simplement de forfanterie, est encore présente en demi-teinte.
Il est beaucoup plus vraisemblable que le prophète, fidèle à sa mission et à
son rôle d'enthousiaste, ait annoncé la chute imminente des remparts par
une opération miraculeuse de la divinité. La nature du prodige indique que
le prophète situait sa mission dans la continuité de celle de Josué,[281] lequel
avait reçu de Dieu l'assurance que les remparts de Jéricho tomberaient au
son du cri de guerre et des trompettes israélites. La nouvelle conquête de la
terre promise était en marche et le récit biblique de la prise de Jéricho était
certainement dans l'esprit de tous lorsque le prophète égyptien rendit son
oracle de jugement :

"... le peuple poussa un grand cri, et le rempart s'écroula sur place.
Aussitôt le peuple monta vers la ville, chacun devant soi, et ils
s'emparèrent de la ville" (Jos. 6, 20).

Le prophète Theudas, également diffamé par Josèphe,[282] se
réclame de la même tradition lorsqu'il promet aux foules qui le suivent de
leur faire traverser le Jourdain à pied sec, exactement comme l'avait fait
Josué pour les tribus d'Israël (Jos. 3, 16-17).

D'après notre enquête, le texte de la *Guerre* sur le prophète
égyptien n'est pas à mettre sur le même plan que celui des *Antiquités*. Ce
dernier peut être utilisé en tant que source historique tandis que le premier
doit être traité avec précaution, compte tenu de sa teneur diffamatoire. Les

---

[280] Flavius Josèphe, *Antiquités juives*, XX, 169 (selon notre traduction).
[281] Cf. R. HORSLEY - J. HANSON, *Bandits, Prophets and Messiahs : ...*, San
Francisco, 1988[2], p. 169.
[282] Cf. Flavius Josèphe, *Antiquités juives*, XX, 97-99.

exégètes de Flavius Josèphe, même s'ils reconnaissent le caractère plus objectif de la seconde version, ont néanmoins tendance, lorsque celle-ci se tait sur certains points, à la compléter à l'aide de la première mouture. C'est acceptable, en théorie, jusqu'à un certain point :[283] ainsi, parmi les points que l'on peut raisonnablement extraire du texte de la *Guerre* pour compléter celui des *Antiquités,* figurent la mention du désert et celle d'une réaction de la part de la milice du temple.

Dans la pratique, cependant, l'on en arrive souvent à une combinaison bâtarde des deux versions. Les gloses historiques sur le "faux-prophète" égyptien sont ainsi souvent composées, au gré du commentateur, d'éléments appartenant à l'une comme à l'autre version. L'erreur vient souvent de ce que l'on accorde plus de crédit qu'elles n'en méritent aux descriptions tendancieuses du récit le plus ancien. Ainsi, les velléités despotiques du prophète font dire à certains commentateurs que celui-ci peut être rangé dans la catégorie des rois-prophètes.[284] M. HENGEL croit y voir une indication précieuse sur sa qualité de "messie militaire".[285] De fait, bon nombre de savants, poussés par le parallèle avec Jésus, ont cru voir dans le prophète égyptien, ainsi que dans Theudas, des figures messianiques.[286] Cette théorie, bien qu'elle ne trouve aucun support dans les

---

[283] L'exemple-type est celui du nombre exact des partisans du prophète. Les *Antiquités* ne mentionnant aucun chiffre précis, il est normal que les commentateurs se tournent vers la *Guerre* pour remplir ce vide d'information. L'inconvénient majeur de cette procédure est d'accorder droit de cité à un chiffre (30.000), lequel est non seulement disproportionné par rapport à l'événement décrit, mais contredit également le témoignage d'Actes 21, 38 qui indique celui de 4000 personnes. L'on a suggéré [ainsi K. LAKE, *e.a., The Beginnings ...,* Vol. 4 (1933), p. 277] que le copiste de la *Guerre* avait confondu la majuscule grecque *delta* (= 4.000) avec *lambda* (= 30.000).

[284] Cf. W. MEEKS, *The Prophet King,* Leiden, 1967, pp. 163-164; P.W. BARNETT, "The Jewish Sign Prophets - A.D. 40-70 : Their Intentions and Origins", in : *New Testament Studies,* 27, 1980-1981, pp. 679-697.

[285] Cf. M. HENGEL, *Die Zeloten* : ..., 1976[2], p. 237.

[286] Cf. S. MOWINCKEL, *He That Cometh,* Oxford, 1956, pp. 284-285; J. JEREMIAS, Art.: *"Moyses",* in : *Theologisches Wörterbuch zum Neuen Testament,* Vol. IV (1943), p. 862; E. HAENCHEN, *The Acts ...,* Oxford, 1971, p. 621.

tcxtcs et malgré qu'elle ait été très tôt remise en question,[287] réapparaît régulièrement dans les publications sur le sujet.[288]

2.3. Récapitulation :

Qu'avons-nous appris de ce détour prolongé par Diodore et Flavius Josèphe ? Premièrement, et cela est le plus important, que la diffamation d'un prophète thaumaturge ne recule devant aucune distorsion, aucune manipulation des faits. L'historien du premier siècle après J.-C., qu'il soit païen, juif ou, comme nous allons le voir pour les Actes, chrétien, est un littérateur qui est obligatoirement passé par une école de rhétorique, qui maîtrise nécessairement les rudiments de l'invective et qui sait comment traîner un adversaire dans la boue selon des procédés, un lexique et un vocabulaire qu'il a mémorisés et pour lesquels il dispose de manuels *ad hoc*.

Deuxièmement, nous savons désormais qu'il est possible, dans une certaine mesure, de reconstituer une version plus neutre des faits à partir de la reconnaissance de leur déformation. Grâce au deuxième texte de Josèphe, celui des *Antiquités*, nous avons pu confirmer la reconstruction des faits telle que nous l'avions effectuée à partir du premier passage, celui de la *Guerre*. Cette confirmation interne démontre que, pour quiconque souhaite retrouver une trame événementielle moins entachée de préjugés sous la croûte d'un texte polémique, il est légitime d'éliminer les stéréotypes de l'accusation de magie et de procéder à des déductions, mêmes risquées, à partir des distorsions repérables dans le récit.

---

[287] Cf. K. LAKE, *e.a.*, *The Beginnings of Christianity*, Vol. 4 (1933), p. 276; F. HAHN, *The Titles of Jesus in Christology*, London, 1969, p. 358; P.W. BARNETT, "The Jewish Sign-Prophets ...", in : *New Testaments Studies*, 27, 1980-81, pp. 686-687.

[288] Cf. D. HILL, "Jesus and Josephus' 'Messianic Prophets' ", in : *Text and Interpretation: Studies in the New Testament presented to M. Black*, E. BEST - R. WILSON, Eds., Cambridge, 1979, pp. 143-154.

Troisièmement, nous avons relevé, dans les deux récits, divers moyens par lesquels *les miracles* du prophète peuvent être discrédités. Certains de ces éléments nous seront d'une grande utilité dans notre enquête sur le Simon des Actes; ce sont :

a) les estampilles péjoratives (*magos*, *mageia*, *mageuein*, *goês*, *teratourgos*, etc.) appliquées au faiseur de miracles et à ses actes;

b) la technique qui consiste à ne pas mentionner les miracles tels que le prophète les revendique, voire à les omettre entièrement;

c) la ridiculisation par l'application de traits caricaturaux (fanfaronnades, vanteries, lâchetés, etc.).

¶ Nous retiendrons, en outre, que l'accusation de magie a pour fonction principale de *nier l'action du divin* à la fois dans les paroles et les actes du prophète thaumaturge. Au premier siècle de notre ère, c'est en soulignant, en exagérant et, au besoin, en inventant, leur composantes humaines, trop humaines même, que ces paroles et ces gestes se trouvent disqualifiés. Dans le christianisme de la seconde moitié du deuxième siècle, le plus sûr moyen d'ôter tout aspect divin aux miracles de l' "autre" (païen, juif, hérétique) sera de les présenter comme des opérations démoniaques.

Chapitre 3 :

ACTES 8, 5-25 : LE PORTRAIT LUCANIEN DE SIMON

1. Les stéréotypes : 1.1. Charmes et sortilèges :

Luc résume l'activité de Simon à Samarie en employant, dans deux formules parallèles (vv. 9 et 11), les termes apparentés *mageuôn* ("pratiquant la magie") et *mageiais* ("par ses opérations magiques"). Au vu de ce qui a été dit plus haut (pp. 58-61) sur la différence entre *magie revendiquée* et *magie imputée*, nous disposons de suffisamment d'éléments pour interpréter ces deux termes-clefs. De deux choses l'une : - soit ils désignent le fait de "pratiquer la magie" sacrée, respectable, divine, etc., auquel cas Simon lui-même devait décrire ses activités en des termes identiques; - soit ils viennent de l'auteur des Actes et, dans cette éventualité, ne signifient guère plus que "fraude" et "imposture". En d'autres termes, ou bien nos deux vocables livrent de précieuses informations sur le climat religieux dans lequel évoluait Simon, ou bien ils ne reflètent que la remise en cause, par Luc, du surnaturel chez Simon.

À cette alternative quelque peu drastique, l'on peut ajouter la voie moyenne qui consiste à voir en *mageuein* et *mageiai*, comme dans le *magos* qui sert à catégoriser Elymas en Ac. 13, 6.10, une superposition des deux niveaux, celui de la revendication et celui de l'imputation.[289] Si c'est bien là ce qui se produit, Simon se réclamerait de la "magie" en tant que science divine, et Luc retournerait cette appellation contre lui en en modifiant le sens (magie divine → sorcellerie, charlatanisme).

Commençons par *mageuôn* en Ac. 8, 9. Les traductions du verset, depuis l'Antiquité jusqu'à nos jours, admettent toutes que le participe présent est utilisé intransitivement par l'auteur des Actes. La traduction de la première partie du verset 9 serait ainsi :

---

[289] Cf. *supra*, Chap. 2, § 1.1 (pp. 56-60).

"Or, il se touvait déjà dans la ville un homme du nom de Simon qui pratiquait la magie et jetait dans la stupeur la population de Samarie".

Le sens à donner à *mageuein*, dans ce contexte, est des plus problématiques. Il se peut, tout d'abord, que Simon se soit défini lui-même comme un *magos* authentique. Luc aurait donc simplement repris le terme que Simon lui-même employait pour définir son activité. En effet, *mageuein* (intransitif), apparaît avec une connotation clairement positive chez Plutarque pour désigner l'éducation que donnent les prêtres aux princes de la cour de Perse.[290] On le trouve aussi chez Lucien lorsque celui-ci donne, sur un ton ironique il est vrai, le curriculum du mage Pachratès :

> "... un homme de Memphis, l'un des scribes du temple, merveilleusement érudit. La culture des Égyptiens lui était tout entière familière et l'on disait de lui qu'il avait vécu sous terre pendant vingt-trois ans dans leurs sanctuaires, instruit par Isis à pratiquer la magie (*mageuein paideuomenos hypo tês Isidos*)".[291]

Il n'est pas impossible que Simon se soit vu lui-même comme quelqu'un qui aspirait à pratiquer la piété absolue et à posséder le savoir suprême; il n'est pas impossible non plus que lui-même ait défini cette activité idéale par le terme de *mageuein*. Quoi qu'il en soit, que Simon se soit considéré ou non comme un *magos* au sens positif du terme, une chose demeure certaine : Luc emploie *mageuein* dans un contexte polémique qui confère au terme une saveur résolument péjorative, et qu'il nous faut maintenant prendre en compte.

Lorsque le terme est non plus revendiqué mais imputé, *mageuein*, pris isolément, peut aussi être lu comme "pratiquer la sorcellerie", "être un charlatan", etc. Ainsi, le fait qu'Apollonius de Tyane ait fréquenté des écoles de sagesse orientale en Perse, en Inde et en Égypte, toutes trois

---

[290] Plutarque, *Vie d'Artaxerxès*, 3.

[291] Lucien de Samosate, *Philopseudès*, 35. Sur Isis comme maîtresse de la "bonne" magie dans les cultes égyptiens, cf. J. BERGMAN, *Ich bin Isis : Studien zum memphitischen Hintergrund der griechischen Isisaretalogien*, Uppsala, 1968, p. 285; J.G. GRIFFITHS, *The Isis-Book* (Apuleius, *Metamorphoses*, Book 11), Leiden, 1975, pp. 47-51.

versées dans l'art d'opérer des prodiges, le rend suspect de sorcellerie aux yeux de ses détracteurs :

> "Ils le stigmatisent comme un magicien (*magon*) et répandent la calomnie selon laquelle il était un sage d'une espèce illégitime (*hôs biaiôs sophon*)."[292]

Philostrate réfute la charge en rappelant que Platon lui-même avait visité l'Égypte pour en ramener des trésors de sagesse et n'en était pas pour autant apparu comme "pratiquant la magie" (*mageuein*). Dans cet exemple, *mageuein* est pris comme synonyme de *goêteuein* et de *manganeuein* : "pratiquer la sorcellerie, l'imposture, le charlatanisme, etc.".[293]

Voyons maintenant comment *mageuein* et *mageiai*, en tant que termes péjoratifs, fonctionnent dans le contexte d'Ac. 8, 9.11. Deux interprétations, non exclusives l'une de l'autre, peuvent être avancées. La première met l'accent sur une lecture littérale des deux versets; la seconde prend en compte le non-dit :

a) Une lecture littérale :

Tel qu'il apparaît dans les textes d'accusations de magie, *mageuein*, employé intransitivement, signifie avant tout "faire quelque chose de magique", soit dans l'intention d'agir sur, de contrôler, dans leur corps et dans leur âme, un ou plusieurs individus, soit dans le but de provoquer des prodiges spectaculaires. Ainsi, Hippocrate reproche aux charlatans guérisseurs d' "éloigner la maladie" (*apagein toiouton pathos*) en purifiant (*perikathairôn*) et en pratiquant la magie (*mageuôn*).[294] Plus loin, il ajoute :

> "Car si un homme, en pratiquant la magie (*mageuôn*) et en sacrifiant (*thyôn*), parvient à faire descendre la lune, à obscurcir le soleil, à causer des orages ou du beau temps, je ne croirai pas pour autant qu'une quelconque de ces choses soit de nature divine (*ti*

---

[292] Philostrate, *Vie d'Apollonius*, I, 2 : il est fort possible que la formulation de Philostrate reflète celle des *Mémoires* de Moiragénès, le détracteur d'Apollonius.

[293] Cf. Lucien, *Alexandre*, 6, à propos d'Alexandre et de son "complice", Cocconas, qui "circulaient en pratiquant la sorcellerie et la magie" (*goêteuontes kai manganeuontes*).

[294] Hippocrate, *Du mal sacré*, III, 9.

theion), mais seulement humaine, étant donné que le pouvoir de la divinité (*tou theiou hê dynamis*) est subjugué et asservi".[295]

Mageuein désigne ici clairement l'instrument du prodige, à savoir la manipulation, incantation ou sacrifice, qui servira à provoquer l'événement surnaturel. Plutarque l'emploie de façon identique, également sous sa forme intransitive, lorsqu'il relate la légende selon laquelle des magiciens semi-divins, célèbres pour la puissance de leurs philtres et leur habileté dans la sorcellerie (*goêteia*), auraient réussi, en pratiquant la magie (*mageusantas*), à invoquer Zeus en personne et à le faire apparaître devant le roi de Rome Numa Pompilius.[296]

Dans le texte des Actes, il ne semble pas, au premier abord, que Simon opère des sortilèges en vue de réaliser des miracles. Luc ne mentionne ni *sêmeia* ni *dynameis* susceptibles de provoquer la stupeur des foules. Il se peut, en revanche, que le second syntagme qui suit immédiatement *mageuôn*, à savoir : *kai existhanôn to ethnos tês Samareias*, se rapporte au résultat d'un envoûtement : par ses incantations, Simon serait parvenu à subjuguer (*existanai*) la population entière de la ville. Cette interprétation acquiert plus de force encore si l'on veut bien lire le verbe *mageuein* en Ac. 8, 9 sous sa forme transitive, au sens d' "ensorceler quelqu'un".[297] L'on s'aperçoit alors que les deux participes présents (*mageuôn kai existhanôn*) peuvent tous deux avoir pour objet commun *to ethnos tes Samareias*. L'une des traductions possibles du v. 9 serait donc :

> "Or, il se trouvait déjà dans la ville un homme du nom de Simon, ensorcelant le peuple de Samarie et le plongeant dans la stupeur"...

Tournons-nous maintenant vers le v. 11, doublet approximatif du v. 9, pour voir s'il peut nous aider à démêler l'écheveau. La traduction reçue en est :

> "Ils s'attachaient à lui parce qu'il y avait longtemps qu'il les tenait émerveillés par ses sortilèges (*tais mageiais*)".

---

[295] *Ibidem*, IV, 11.

[296] Plutarque, *Vie de Numa*, 15.

[297] Cf. Lucien, *Lucius ou l'âne*, 54; Cléarque in Athénée, *Les deipnosophistes*, 256e.

Dans les textes anciens, le substantif *mageia* (au pluriel) fait référence aux sortilèges que le sorcier soit utilise lui-même, soit transmet à ses clients moyennant finances. Le passage de Lucien dans lequel il s'en prend à un médecin-philosophe, ancien disciple d'Apollonius de Tyane et maître d'Alexandre, est on ne peut plus clair sur ce point. L'on y trouve les *mageiai* mises sur le même plan que d'autres termes, au sens plus restreint, qui se rapportent tous à des sortilèges précis :

> "[C'était] un charlatan (*goês*), l'un de ceux qui promettent des sortilèges (*mageiai*) et de miraculeuses incantations (*epôdas thespesious*), des charmes (*charitas*) pour les affaires de coeur et des maléfices (*epagôgas*) contre ses ennemis, etc."[298]

Contrairement à Ac. 8, 9, où la succession des deux verbes *mageuein* et *existanai* au participe présent ne permet pas de distinguer ce qui les unit (simultanéité, causalité ?), la relation de cause à effet entre sortilèges et stupeur est clairement indiquée au v. 11 : c'est par ses sortilèges (dat.: *tais mageiais*) que Simon plonge la population dans la stupeur (*exestakenai*) et le résultat de cet envoûtement est que tous s'attachent à lui (*proseichon de autô*).[299] Le but ultime de Simon serait donc de s'attirer l'affection des Samaritains, de faire en sorte qu'ils ne puissent plus se passer de sa personne. Cela concorde avec ce que nous savons des objectifs traditionnels de la magie. Comme les *charitas* du texte de Lucien nous l'ont rappelé, l'art de provoquer l'amour pour soi-même ou pour autrui fait partie de la panoplie du magicien.[300]

Au début du texte également, l'ensorcellement généralisé (v. 9) semble avoir pour effet que les foules s'attachent (v. 10 : *proseichon*) à

---

[298] Lucien de Samosate, *Alexandre ou le faux prophète*, 5 : Lucien reconnaît que le maître d'Alexandre était médecin (*iatros*), tout en s'efforçant de le discréditer comme un charlatan. Le satiriste utilise ici un procédé diffamatoire qu'il stigmatise ailleurs : "Ils [les diffamateurs] rendent leurs charges crédibles en déformant les véritables attributs de la personne qu'ils calomnient. Ainsi, ils insinuent qu'un médecin (*iatros*) est un sorcier (*pharmakea*), qu'un homme riche est un aspirant à la tyrannie, etc." (*Calomnie*, p. 377 [Ed. : LOEB Class.Library]).

[299] Pline, *Hist. Nat.*, XXVIII, 27, 1, rapporte que la hyène du désert était dotée par certains de pouvoirs magiques et de "la vertu d'attirer à soi les hommes auxquels elle fait perdre l'esprit" (*vimque qua alliciat ad se homines mente alienatos*).

[300] Sur la magie amoureuse, voir E. MASSONNEAU, *La magie dans l'Antiquité romaine. - La magie dans la littérature et les moeurs romaines. - La répression de la magie*, Paris, 1934, 270 pp. (cf. pp. 86-91 : "Le crime de magie").

Simon. L'étonnement, la stupéfaction que ressentent les Samaritains équivaudrait à l'état d'aveuglement de ceux qui aiment sans plus se préoccuper de ce qui les entoure. Les praticiennes les plus réputées de la magie amoureuse dans l'Antiquité étaient les sorcières thessaliennes. Dans le roman d'Achille Tatius, un personnage s'adresse à l'une d'elles en ces termes :

> "Je crois savoir que vous, femmes thessaliennes, quand vous tombez amoureuses, êtes capables d'opérer de tels sortilèges (*mageuein*) que jamais plus votre amant n'incline vers une autre femme, et qu'il est si fermement attaché à celle qui l'a ensorcelé (*pros te ten mageuousan houtos echein*) qu'il la considère comme étant tout pour lui".[301]

Il est intéressant de noter ici les deux emplois, intransitif puis transitif, du verbe *mageuein*, ainsi que la formule *echein pros*, l'équivalent exact du verbe *prosechein*[302] (cf. vv. 10 et 11).

Pour résumer ce premier essai d'interprétation, nous dirons que Luc a voulu décrire Simon avant tout comme un sorcier qui a jeté un charme sur ses auditeurs pour les amener à l'admirer et à s'attacher à lui comme à un être doté d'une puissance surnaturelle. Pour le lecteur de l'Antiquité, c'est probablement ce que le texte suggérait au premier abord. Mais cette interprétation, fruit d'une lecture littérale, n'en exclut pas une seconde, plus intuitive, qui pouvait subsister conjointement avec la première.

b) Une lecture approfondie :

Jusqu'à présent, nous avons admis que les divers sortilèges dans lesquels s'engageait Simon (*mageuôn*, *mageiais*) avaient pour résultat direct, tout d'abord la stupeur hypnotique des foules (*existhanôn*, *exestakenai*), puis leur adhésion inconditionnelle (*proseichon*) au sorcier. La stupeur et l'attachement seraient donc les seuls objectifs assignés aux sortilèges : Simon n'userait de ses pouvoirs magiques que pour modifier à

---

[301] Achille Tatius, *Éthiopiques*, V, 22.
[302] Voir *infra*, § 2.1 (pp. 135-137, & n. 403), sur *prosechein* et ses parallèles dans les accusations de magie.

son gré et en sa faveur, comme par hypnose, les sensations et les sentiments de ceux qui l'entourent.

Mais il est fort possible que Luc ait sous-entendu un élément entre *mageuôn* et *existhanôn* au v. 9, élément implicite qui pourrait être celui de prodiges réalisés par Simon grâce à ses sortilèges (cf. v. 11: *tais mageiais*). Luc pourrait avoir délibérément omis de mentionner les miracles de Simon pour ne se concentrer que sur les moyens, selon lui illégitimes, mis en oeuvre pour les produire.[303]

Comme on l'a vu dans le passage d'Hippocrate cité plus haut, quiconque entreprend l'acte de *mageuein* est en mesure de guérir des maladies et d'expulser les mauvais génies qui les causent, de déclencher des orages et des éclipses, etc. Il est donc possible que le sorcier Simon use de sortilèges (*mageuôn*) en vue de susciter des prodiges. Ce sont ces prodiges qui jetteraient dans l'émerveillement la foule des Samaritains et les conduirait à s'attacher à lui. La version de Luc serait un abrégé, un simple raccourci, supprimant, ou plutôt sous-entendant une étape (c.-à-d. le prodige), entre le maléfice et la stupéfaction. L'histoire d'Aod le magicien, par contraste, offre la séquence complète :

> "Alors, par l'art de la magie (*arte maleficii*), il montra au peuple le soleil durant la nuit. Le peuple fut stupéfait (*stupefacti*), et ils dirent : 'Regardez tout ce que peuvent faire les dieux des Madianites et nous ne le savions pas !' " [304]

Ac. 8, 11 peut être paraphrasé en restituant des miracles entre les sortilèges et la stupeur :

> "Ils s'attachaient à lui parce qu'il y avait longtemps qu'il les tenait émerveillés [par des prodiges accomplis] au moyen de sortilèges".

---

[303] A titre de comparaison, l'on peut citer trois passages, tirés d'accusations de magie du deuxième siècle, lesquels, contrairement à Ac. 8, 9.11, ne laissent aucune place à l'ambiguïté. Le premier, tiré de Celse, dit de Jésus : "c'est par magie (*goêteiâ*) qu'il a pu faire les miracles (*paradoxa*) qu'il parut accomplir" (in Origène, *Contre Celse*, I, 6). - Le second vient de Justin et rapporte également que Jésus était accusé d'avoir "fait des miracles (*dynameis pepoiêkenai*) par l'art de la magie (*magikê technê*)" - (*1ère Apol.*, 30). Toujours chez Justin, la notice sur Simon et Ménandre précise qu'ils "accomplissaient des prodiges magiques" (*magikas dynameis poiêsantes*) - (*1ère Apol.*, 56).

[304] Pseudo-Philon, *Le livre des Antiquités Bibliques*, 34, 4 : traduction de J. HADOT, in : *La Bible : Écrits intertestamentaires*, A. DUPONT-SOMMER - M. PHILONENKO, Eds., Paris, 1987, p. 1332.

Un parallèle va nous permettre de comprendre ce qui se produit dans le texte de Luc. Dans le midrash d'Exode 7 par Josèphe, Moïse fait voir au Pharaon les signes miraculeux (*ta sêmeia*) qui lui viennent de Dieu :

> "Mais le roi s'irrita, le traita de criminel (*ponêron*), qui avait fui l'esclavage en Égypte et s'en revenait maintenant par son habileté à tromper (*ex apatês autou*), manoeuvrant pour impressionner au moyen de trucs et de sortilèges (*kai teratourgiais kai mageiais kataplêxein*)."[305]

La dernière formule du Pharaon se rapporte aux *sêmeia* que Moïse vient d'opérer devant lui. Pour le souverain, ce prodige n'est qu'un mensonge, un faux-semblant créé à partir de trucs, de manipulations, de jongleries et de sortilèges. Le Pharaon sous-entend le prodige dans sa remarque finale que l'on pourrait compléter ainsi :

> "...manoeuvrant pour impressionner [par des signes accomplis] au moyen de trucs et de sortilèges".

Un raccourci drastique, une assimilation du prodige aux moyens employés pour le réaliser, voilà ce qui semble être en oeuvre dans le texte de Josèphe comme dans celui des Actes. La seule différence entre les deux récits tient dans ce que le second ne contient nulle part la mention explicite des *sêmeia* de Simon. Le soin est laissé au lecteur de les restituer de lui-même grâce à des indices épars dans le texte : l'étonnement des foules doit bien avoir un objet, la déification de Simon doit bien suivre un fait surnaturel, etc.

Il faut garder à l'esprit que cette seconde interprétation du texte n'est pas exclusive de la première, à savoir celle où les foules sont directement envoûtées sans l'intermédiaire des miracles. Luc, en effet, a tout intérêt à maintenir ouvert ce double niveau de lecture, car il lui donne l'occasion de discréditer les prodiges de Simon sans même avoir à les mentionner expressément. Rappelons ici comment Flavius Josèphe s'ingénie à passer sous silence le signe prophétique de l'écroulement des remparts dans son texte de la *Guerre juive* sur le "faux-prophète" égyptien.[306]

---

[305] Flavius Josèphe, *Antiquités juives*, II, 284.
[306] Cf. *supra*, Chap. 2, § 2.2.2 et 2.2.3 (pp. 94-100).

L'important pour l'auteur des Actes n'est pas le fait qu'il y ait eu miracle, mais que ce miracle ait pu être le produit de sortilèges. Dès lors que maléfices et sortilèges sont démasqués, le miracle disparaît, en tant que miracle authentique s'entend, et la seule chose qui puisse encore capter l'attention du lecteur est la dénonciation de l'activité magique. En règle générale, rappelons-le, l'objectif final de l'accusateur de magie est de dissoudre, de faire disparaître le miracle revendiqué par l'adversaire en tant que signe divin. Luc, reconnaissons-le, y a parfaitement réussi : une approche superficielle de son texte laisse à penser que Simon n'est qu'un vulgaire jeteur de sorts, entièrement dépourvu de l'aura thaumaturgique que confère la production de signes miraculeux. Mais il importe de se souvenir que cette phase diffamatoire ne représente que la moitié de la tâche de l'accusateur. L'autre partie, tout aussi essentielle que le blâme adressé aux miracles d'autrui, est la louange que le locuteur va adresser à ceux des miracles opérés par des représentants de son propre groupe.

L'on comprend mieux désormais que le texte des Actes est construit de manière à dresser un contraste absolu entre la mission de Philippe et l'activité de Simon en Samarie avant sa conversion.[307] Ainsi, en Ac. 8, 6, Luc rapporte que Philippe opérait des "signes" (*ta sêmeia ha epoiei*) lesquels, soit contemplés directement, soit transmis de bouche à oreille, servaient à conduire vers la foi en Christ ceux qui en prenaient connaissance. A cette notice sur Philippe correspond la vignette du v. 9 relatant comment Simon s'était au préalable rendu maître des mêmes foules *mageuôn*, "en pratiquant la magie". L'opposition établie entre les *sêmeia* de Philippe et les *mageiai* (v. 11) de Simon est, cela va de soi, purement subjective. Dans les deux cas, il est fait appel à l'élément du surnaturel pour convaincre : ce ne sont que les parti-pris de Luc, ses sympathies et ses préjugés défavorables, qui l'amènent d'une part à louer Philippe et d'autre part à blâmer Simon. Une distinction est introduite entre les miracles "légitimes" du premier et ceux, "illégitimes", du second, mais elle n'est valable que du point de vue du locuteur. L'auteur du texte eût-il été du parti de Simon que l'équation en aurait été simplement inversée. Les exorcismes de Philippe se prêteraient d'ailleurs tout à fait à une accusation de charlatanisme et les textes ne manquent pas dans l'Antiquité pour en accabler ceux qui font profession de chasser les esprits.

---

[307] Pour un tableau comparatif, voir K. BEYSCHLAG, *Simon Magus ...*, Tübingen, 1974, p. 101.

Marc-Aurèle doit à Diognète de ne pas croire :

"à ce que racontent les faiseurs de prodiges et les charlatans (*goêtôn*) sur les incantations (*peri- epôdôn*), les moyens de se préserver des démons (*daimonôn apopompês*) et autres choses du même genre".[308]

De même, Celse range les exorcismes parmi les "activités des charlatans" (*erga tôn goêtôn*)[309], et Plotin reproche aux gnostiques de prétendre chasser les esprits, ce qui pour lui équivaut à *mageuein*.[310]

L'on comprend désormais mieux pourquoi Luc ne donne aucune indication précise sur la nature des signes qu'opérait Simon avant que ne survienne Philippe, pourquoi il se contente de les stigmatiser tous en les passant sous silence : peut-être Simon, tout compte fait, effectuait-il lui aussi des exorcismes et des guérisons, ou du moins, le rapportait-on à son sujet.[311] Quoi de plus commode pour souligner la différence entre deux miracles en tout point semblables que de leur appliquer, selon ses préférences, les étiquettes de "signe" et de "sortilège" ?

Nous pouvons maintenant répondre aux questions que nous nous posions au début de cette section. Compte tenu de la fonction discriminatoire qu'occupent les termes *mageuein* et *mageiai* en Actes 8, ceux-ci ne renvoient probablement pas au Simon historique : ils ne sont que l'expression relative d'un jugement de valeur.

---

[308] Marc-Aurèle, *Pensées*, I, 6 (Trad. A.I. TRANNOY, Ed. Belles Lettres, Paris, 1925, p. 1).

[309] Cf. Celse, *Logos alêthês*, in : Origène, *Contre Celse*, I, 68.

[310] Cf. Plotin, *Ennéades*, II, 9, 14, 4-17. Sur cette dernière référence, voir les pages tout à fait convaincantes de H. REMUS, *Pagan-Christian Conflict...*, Cambridge, Mass., 1983, pp. 197-204 (Appendice E : "Plotinus and Gnostic Thaumaturgy" : l'auteur y montre bien que le label de magie ne servait finalement qu'à se distinguer de son concurrent; Plotin pratiquait la théurgie néo-platonicienne et se devait donc de rabaisser les tentatives identiques des gnostiques. Plus tard, avec l'expansion du christianisme, la théurgie dont Plotin et Porphyre firent l'éloge fut à son tour rabaissée au niveau de la *goêteia* (cf. Augustin, *Civ. Dei*, X, 9-11).

[311] Cf. J.M.A. Salles-Dabadie, *Recherches sur Simon le Mage*, Vol. 1 : *L'Apophasis Megale*, Paris, 1969, pp. 125-129.

1.2. Le miracle (comme) stupéfiant :

Le lecteur familier du vocabulaire de Luc - Actes ne manquera pas de remarquer que le verbe *existanai* est utilisé, à maintes reprises, par l'auteur comme un synonyme de *thaumazein* pour dépeindre l'étonnement des auditeurs ou des spectateurs devant les paroles ou les miracles de Jésus et des apôtres. Se pourrait-il que, dans l'esprit de Luc, l'étonnement suscité par les prodiges magiques ne différât pas en nature de celui que provoquent les signes divins ? Cela est peu vraisemblable car, à y regarder de plus près, l'on constate que Luc n'utilise *existanai* qu'à la forme intransitive ("il s'étonna", "tous s'étonnèrent") lorsqu'il dépeint la stupeur qui naît de la rencontre avec le divin.[312] Dans le cas de Simon, les spectateurs ne s'étonnent pas de leur propre mouvement, ils sont "plongés dans la stupeur" (forme transitive) par le magicien, un distinguo capital suggérant que l'émotion qu'ils ressentent est aliénante, ou, dans le langage théologique de Luc, qu'elle ne conduit pas à la foi.

La démence, la fascination maladive qu'engendre le simple spectacle des prodiges magiques ne sont pas inconnues des auteurs anciens. Lorsqu'il compare l'art du poète à celui du magicien, Horace aligne les verbes ayant trait au *pathos* et à la folie :

"*... poeta, meum qui pectus inaniter angit,*
Irritat, mulcet, falsis terroribus implet.
 Ut magus, et modo me Thebis, modo ponit Athenis."

"... le poète, qui oppresse mon coeur de façon insensée,
l'irrite, l'apaise, le remplit de terreurs mensongères;
comme un magicien, il me dépose tantôt à Thèbes,
[tantôt à Athènes".[313]

---

[312] Cf. Luc 2, 47 (Jésus enseignant aux docteurs); 8, 56 (résurrection de la fille de Jaïre); Ac. 2, 7.12 (Pentecôte); 9, 21 (prédication de Paul à Damas); 10, 45 (baptême des premiers païens); 12, 16 (le "spectre" de Pierre); la seule exception est Luc 24, 22, quand les femmes revenues du tombeau vide "stupéfièrent" (*exestêsan*) les apôtres en leur racontant ce qu'elles avaient vu.

[313] Horace, *Épîtres*, II, 1, 211. Voir également Platon, *Ménexène*, 234c-235a, où Socrate compare l'effet hypnotique des panégyriques funèbres, lors desquels l'auditeur perd la conscience de lui-même, à celui d'un ensorcellement de l'âme (*goêteuousin hêmôn tas psychas*).

Dans son roman des *Métamorphoses*, Apulée s'étend sur la *stupor* que ressent son héros Lucius à la vue d'une sorcière se transformant en oiseau. La précision psychologique de sa description est remarquable :

> "Tandis que sa métamorphose à elle était volontaire et provoquée par ses techniques magiques (*magicis suis artibus*), moi-même, qui n'avais été ensorcelé par aucun charme (*nullo decantatus carmine*), étais si saisi de stupeur (*stupore defixus*) qu'il me semblait être quelqu'un d'autre que Lucius. J'étais hors des limites de mon esprit; stupéfait jusqu'à la folie (*attonitus in amentiam*), je rêvais tout éveillé".[314]

Cet état catatonique, cette sorte d'extase dans laquelle le sujet "n'est plus lui-même", ou "sort de lui-même" (c'est le sens originel d'*existanai*), la magicienne d'Apulée ne l'exploite pas pour manipuler le spectateur. C'est pourtant ce dont le prophète-thaumaturge est fréquemment accusé dans nombre d'autres textes.

Le verbe-clef est ici *ekplêssein* (trans.), un quasi-synonyme[315] d'*existanai* et de *thaumazein*, dont Luc emploie couramment la forme intransitive dans son sens positif.[316] L'idée est que le charlatan, par ses oracles incantatoires et ses tours de magie, fait perdre la raison à ses victimes. Quelques exemples suffiront à faire saisir le parallèle avec Simon.

Un fragment de l'historien Ephore de Cymé (IVème siècle av. J.-C.) relate avec mépris les pérégrinations d'un groupe de prophètes fondateurs de mystères, les Idéens Dactyles. Décrits comme des *goêtai*, ils débarquent sur l'île de Samothrace et derechef parviennent à "stupéfier les indigènes" (*ekplêttein tous enchôrious*) grâce à leurs rituels d'initiation et leurs "incantations" (*epôdai*).[317]

---

[314] Apulée, *Métamorphoses*, III, 22.

[315] *ekplêssein* peut prendre le sens de "jeter dans la stupeur", mais aussi "dans la peur ou la terreur".

[316] Cf. Luc 2, 48 (Jésus enseignant au temple); 4, 32 (Jésus enseignant à Capharnaüm); 9, 43; 13, 12 (stupeur devant la puissance miraculeuse de Dieu).

[317] Ephore de Cymé, in Diodore de Sicile, V, 64, 4 (cf. F. JACOBY, *Die Fragmente der griechischer Historiker*, Leiden, 1961, Vol. 2/A, p. 68 [N° 70, fragm. 104]).

La même méfiance à l'égard de rites étrangers s'exprime chez Plutarque qui qualifie les rites dionysiaques pratiquées par les femmes macédoniennes de *perierga*[318] : en manipulant des serpents apprivoisés lors de leurs cérémonies, les femmes "stupéfient" ou "terrorisent" les hommes (*exeplêtton tous andras*).[319]

Lucien de Samosate recourt à ce stéréotype à deux reprises dans sa caricature d'Alexandre, lequel, rappelons-le, était lui aussi prophète, fondateur d'un culte à mystères. Celui-ci est accusé de truffer ses oracles de mots hébreux ou phéniciens et de "stupéfier les gens" (*exeplêtte tous anthrôpous*).[320] Lorsqu'il confectionne un dispositif fait de tubes acoustiques pour donner l'impression que le Dieu-serpent Glykon rend des oracles "autophones", il le fait, nous dit Lucien, avec la ferme intention de "stupéfier la foule" (*ethelêsas... ekplêxai to plêthos*).[321] Le substantif *ekplêxis*, couplé au motif de la bêtise des spectateurs dupés, sert également à Lucien pour décrire l'effet visé par Alexandre quand il prononce publiquement de mystérieux oracles sans destinataire connu, "pour la stupéfaction des imbéciles" (*pros ekplêxin tôn anoêtôn*).[322]

On peut encore mentionner une occurrence du verbe chez Celse, dans un passage où il dépeint les apparitions de Jésus à ses disciples comme une grossière fumisterie (*goêteia*) : l'apôtre Thomas y est suspecté de n'être qu'un vulgaire charlatan (*agyrtês*) qui aurait inventé de toutes pièces sa rencontre avec Jésus ressuscité en vue d' "impressionner les autres par ce récit incroyable" (*ekplêxai tous loipous tê terateiâ*).[323]

Chez Irénée, c'est un substantif également dérivé de *plêssein* qui sert à caractériser l'influence maléfique qu'exerce Marcos sur ses disciples femmes : "se lançant à nouveau dans des incantations afin de stupéfier celle qu'il dupe, il dit : ... ." (*epiklêseis tinas poioumenos ek deuterou eis kataplêxin tês apatomenês*).[324] *Kataplêxis* apparaît dans le récit de Diodore

---

[318] *perierga* - "curiosités", au sens de pratiques magiques. Le même terme péjoratif est utilisé en Ac. 19, 19, pour décrire les activités des Éphésiens.

[319] Plutarque, *Vie d'Alexandre le Grand*, II, 9.

[320] Lucien de Samosate, *Alexandre ou le faux prophète*, 13.

[321] Lucien, *Alexandre*, 26.

[322] Lucien, *Alexandre*, 50.

[323] Celse, *Discours véritable* (*Logos alêthês*), in : Origène, *Contre Celse*, II, 55.

[324] Irénée de Lyon, *Contre les hérésies*, I, 13, 3.

sur la rusée magicienne Médée, laquelle parvint, à force de faire étalage de prodiges (*dia tês terateias*), à plonger les filles du roi Pélias dans la stupéfaction (*eis ... kataplêxin agagein*). Le même terme, orthographié différemment, se retrouve sous la plume d'Œnomaus à propos de la "démence généralisée" (*hê koinê kataplêxia*) dont sont saisis les dupes des prophètes charlatans.[325] Dans un passage déjà cité de Flavius Josèphe, le pharaon, s'adressant à Moïse, lui demande s'il croit pouvoir l' "impressionner par des sortilèges et des tours de magie" (*kai teratourgiais kai mageiais kataplêssein*). C'est là, rappelons-le, le parallèle le plus proche d'Ac. 8, 9.11. La même idée peut s'exprimer au travers d'autres termes tels que *mainein* et *mania*,[326] ou encore en usant du verbe *daimônan* comme le fait Flavius Josèphe à propos des "faux-prophètes" qui "induisent la foule à délirer" (*daimonân*).[327]

Le verbe transitif *existanai*, bien qu'entièrement synonyme d'*ekplêssein*, n'apparaît pas dans les accusations de charlatanisme que nous avons colligées.[328] Certes Luc s'éloigne par là du lexique habituel, mais il n'en fait pas moins usage d'un stéréotype courant.

Pour la suite de notre propos, l'on retiendra que le concept exprimé par le verbe *existanai* en Actes 8 reflète un motif stéréotypé de l'accusation de magie, motif destiné à déprécier l'effet psychologique que suscitent les activités du prophète dans l'esprit de ses disciples. En tant que jugement de valeur caractérisé, il ne fournit aucune information objective sur la personne de Simon.

1.3. Mégalomanie :

"Et il disait de lui-même qu'il était quelqu'un de grand" (*legôn einai tina eauton megan*, Ac. 8, 9). L'historien des religions aura beau

---

[325] Œnomaus de Gadara, *Les charlatans démasqués* (*Goêtôn phora*), in : Eusèbe de Césarée, *Préparation évangélique*, V, 22, 1.

[326] *Ibidem*, V, 21, 5.

[327] Flavius Josèphe, *Guerre juive*, II, 259.

[328] A l'exception, peut-être, d'Œnomaus, *Goêtôn phora*, in : Eusèbe, *Préparation évangélique*, V, 30, 2 : "Le désir égare les sots" (*hê epithymia tous blakas existêsin*). Ici, c'est le désir de connaître l'avenir, non l'activité du prophète, qui provoque l'égarement.

scruter et retourner dans tous les sens la formule lapidaire de Luc, il n'y trouvera rien qui pourrait l'aider à restituer les enseignements de Simon. Il semble évident, en effet, que Luc s'efforce ici de présenter Simon sous les traits d'un incorrigible vantard, prétentieux et trop sûr de lui. Comme le dit Plutarque :

> "le fait de dire de soi-même à autrui que l'on est quelqu'un d'important ou de puissant est particulièrement insupportable" (*to peri eautou legein hôs ti ontos ê dynamenou pros heterous ... apachthês*).[329]

Non seulement, précise encore Plutarque, la louange de soi-même suscite l'inconfort chez l'auditeur, mais elle l'amène à considérer le locuteur comme un impudent (*anaischyntos*). C'est précisément ce sentiment d'embarras mêlé de mépris que l'auteur des Actes entend susciter à l'endroit de Simon.

La brève pique de Luc est rhétoriquement d'autant plus efficace qu'elle exploite un lieu commun de l'accusation de magie, celui de *l'arrogance du charlatan*. Cet attribut est à ce point essentiel au tableau du magicien qu'en grec, l'un des labels servant à désigner l' "imposteur", le "charlatan" (*alazôn*), signifie aussi "vantard" et "fanfaron".[330] Le lecteur ancien, dès lors qu'il était confronté au portrait-charge d'un prophète thaumaturge, savait à quoi s'attendre et le motif de la vantardise, suivant de près ceux de charlatanisme, de démence et de magnétisme, ne devait pas surprendre. L'auteur des Actes sait comment manier ce motif et l'on ne s'étonnera pas de le voir réapparaître en Ac. 5, 36 dans la bouche de Gamaliel, quand celui-ci résume en quelques phrases cinglantes le ministère de Theudas, ce "faux-prophète" dont Flavius Josèphe relate les mésaventures plus en détail : "Il disait de lui-même qu'il était quelqu'un d'important" (*legôn einai tina [megan] eauton*).[331]

---

[329] Plutarque, *Comment se louer soi-même de façon inoffensive*, 1 [*Moralia*, 539a-d].

[330] Pour *alazôn* - "charlatan", cf. Platon, *Eryxias*, 399c; *Rép.*, 486b; pour *alazôn* - "vantard" : Xénophon, *Cyropédie*, 22, 5; Aristote, *Ethique à Nicomaque*, IV, 7, 11.

[331] *Megas* a été rajouté par une certaine tradition manuscrite (*D*), probablement en vue d'harmoniser le passage avec Ac. 8. 9; quoiqu'il en soit, même sans *megas*, l'expression *tis einai* conserve un sens identique, comme en français : "être quelqu'un" (cf. A. BAILLY, *Dictionnaire Grec - Français*, Paris, 1963[26], p. 1938 - *s.v.* : "*tis*").

A côté de la formule lucanienne, dépouillée, simple et directe, diverses options étaient disponibles dans l'Antiquité pour suggérer la mégalomanie du charlatan. Ainsi, au lieu de montrer le prophète exaltant sa personne en général, l'on pouvait le dépeindre s'attardant complaisamment sur certaines de ses qualités particulières. Les prêtres guérisseurs chez Hippocrate ont du mal à dissimuler leur ignorance des causes réelles de l'épilepsie derrière leurs prétentions à tout connaître (*pleon ti eidotes*).[332] Œnomaus reproche aussi au charlatan (*alazôn*) apollinien d'être "fier de ses vaines connaissances" (*epi tois kenois eidêmasi tên ophryn epaironti*).[333] Quant au Jésus de Celse, après avoir acquis en Égypte les pouvoirs magiques dont "se targuent" (*semnynontai*) les Égyptiens, il s'en revient en Palestine "tout enorgueilli de ces pouvoirs" (*en tais dynamesi mega phronôn*) et, grâce à eux, se proclame dieu.[334] Le motif de la déification, présent dans ce dernier texte, apparaît aussi, comme nous le verrons plus loin, en Ac. 8, 10b.

Dans le domaine chrétien, outre certains passages des lettres pastorales,[335] les pères de l'Eglise usent de l'accusation d'arrogance *ad nauseam*. Irénée, par exemple, l'applique à Marcos, lui qui "se glorifie" d'avoir amélioré la doctrine de son maître et dont les disciples croient "en savoir plus que tout le monde" (*pleion pantôn egnôkenai*).[336] Beaucoup plus tard, Sulpice Sévère héritera du topos dans son portrait de Priscillien :

---

[332] Hippocrate, *Sur le mal sacré*, II, 28; voir aussi II, 4-5.

[333] Œnomaus de Gadara, *Les charlatans démasqués* (*Goêtôn phora*), in : Eusèbe de Césarée, *Préparation évangélique*, V, 21, 1.

[334] Celse, *Discours véritable* (*Logos alêthês*), in : Origène, *Contre Celse*, I, 28. Cp. avec les *Homélies pseudo-clémentines*, II, 22 : "S'étant rendu à Alexandrie, il [Simon] s'y exerça à fond dans la culture hellénistique et y devint un très puissant magicien. Gonflé d'orgueil, il veut se faire passer pour une puissance très élevée, supérieure même au Dieu qui a créé le monde".

[335] En 2 Tim. 3, les goètes (v. 13) sont présentés (au v. 2) comme des gens "imbus d'eux-mêmes (*philautoi*), cupides, (*philargyroi*), vantards (*alazônes*), orgueilleux (*hyperêphanoi*)"; cp., par ex., Hab. 2, 5 (LXX) : *anêr alazôn*.

[336] Irénée de Lyon, *Contre les hérésies*, I, 13, 1 et 6; voir également le passage sur Simon en I, 23, 1: *uti et ipse gloriosus videretur esse, et universam magiam adhuc amplius scrutans*.

"Sa vanité était extrême (*vanissimus*); son savoir dans les choses profanes l'enorgueillissait (*inflatior*) plus que de raison; il passait même pour s'être mêlé de magie dès sa première jeunesse".[337]

En dehors du cadre de l'accusation de magie proprement dite, la charge d'arrogance et de fanfaronnade était une constante de l'invective hellénistique.[338] Paul lui-même semble en avoir été souvent la cible, étant donnée son âpreté à s'en défendre en maints endroits de ses lettres (Rom. 15, 17-18; 2 Cor. 10, 12-18, etc.). Dans son dictionnaire d'insultes, Suétone avait réservé un chapitre à la stigmatisation des "prétentieux" (*eis alazônas*).

1.4. Déification :

Le motif suivant à envisager est celui de la déification du charlatan. Il apparaît au v. 10b, lorsque Luc dit des Samaritains qu'ils acclament Simon comme un dieu :

"Celui-ci est la puissance de Dieu, celle qu'on appelle la grande"
(*outos estin hê dynamis tou theou hê kaloumenê megalê*).

Quantité d'hypothèses ont déjà été bâties sur cette courte formule. D'aucuns y ont vu une allusion aux doctrines gnostiques de Simon ou à ses prétentions messianiques,[339] tandis que d'autres ont cru y déceler une formule propre à la magie hellénistique.[340] La solution que nous proposons fait appel au bon sens plus qu'à l'érudition.

Il suffit, selon nous, d'interpréter la formule à la lumière du verset précédent, dans lequel Simon se déclare "quelqu'un de grand". Quoi de plus normal, en effet, pour un charlatan prétentieux, que d'accepter sans broncher les honneurs rendus à la divinité ? A celui qui entend se louer lui-même sans pour autant choquer son auditoire, Plutarque conseille d'attribuer aux dieux le mérite de ses exploits.[341] Luc, voulant susciter le

---

[337] Sulpice Sévère, *Chronique*, II, 46 (Trad. A. LAVERTUJON).
[338] Sur Cicéron et ses prédécesseurs grecs, cf. E. SÜSS, *Ethos* : ..., Leipzig/Berlin, 1910, pp.245-246; R.G.M. NISBET (Ed.), *In Pisonem*, 1961, pp. 195-196.
[339] Cf. *supra*, Introduction, § 2.2 (pp. 12-14).
[340] Cf. *supra*, Introduction, § 2.1 (pp. 9-12).
[341] Plutarque, *Comment se louer soi-même de façon inoffensive*, 11 [*Moralia*, 542e-f].

dédain à l'endroit de Simon, s'empresse d'appliquer ce conseil en sens inverse.

Le magicien, dans la mentalité antique, est nécessairement un impie qui méprise les dieux, les tient pour des êtres impuissants, corrompus et corruptibles, car susceptibles d'être contraints et persuadés par ses incantations ou ses sacrifices.[342] Autrement dit, même si le magicien a recours aux forces surnaturelles et divines pour parvenir à ses fins, elles ne représentent que la cause instrumentale de ses miracles, lui-même se posant comme leur cause efficiente. L'on trouve trace de cette conception populaire dans un texte de Philostrate rapportant un on-dit à propos des *magoi* : ceux-ci impliquent les dieux dans leurs rites occultes, mais ils se gardent bien de professer publiquement leur foi en une quelconque divinité de peur que l'on n'aille penser que leurs pouvoirs dérivent de cette source.[343]

Si l'on se reporte au long plaidoyer *pro domo* qu'Apollonius de Tyane prévoyait de prononcer devant l'empereur Domitien, l'on constate que l'accusation de magie s'accompagnait souvent de celle de déification illégitime :

> "L'accusateur dit en effet que les hommes me considèrent comme un dieu et que ceux qui ont été ensorcelés par moi proclament leur foi en public ....".[344]

Apollonius demande ensuite par quels miracles il aurait amené les hommes à lui adresser des prières comme à une divinité, puis se défend d'avoir jamais eu recours à des prédictions et à des oracles "comme le font ceux qui convoitent les honneurs divins". Aucune ville, ajoute-t-il, n'a jamais décrété que les citoyens s'assembleraient pour offrir des sacrifices en son honneur.[345]

---

[342] Cf. Hippocrate, *Du mal sacré*, IV, 8-9 : "Je suis sûr qu'ils pratiquent l'impiété (*dyssebein*); ils ne peuvent pas croire que les dieux existent ou possèdent quelque force que ce soit, et ne reculeraient pas devant les actions les plus extrêmes".

[343] Philostrate, *Vie des Sophistes*, 494.

[344] Philostrate, *Vie d'Apollonius de Tyane*, VIII, 7 (Trad. P. GRIMAL, *Romans grecs et latins*, Paris, 1958, pp. 1307-1308).

[345] De même qu'il en accable Simon, Luc s'efforce en d'autres endroits d'écarter cette accusation des apôtres. Ainsi, en Ac. 14, 15 les apôtres refusent de s'approprier la gloire du miracle et déclinent les sacrifices que veulent leur offrir

Pour illustrer son propos et prouver sa bonne foi, Apollonius rappelle à ses juges la façon dont il a mené à bien l' "exorcisme" du démon de la peste à Éphèse : un mauvais génie, déguisé en mendiant, s'était introduit dans la ville et répandait la pestilence. Apollonius le démasque, le fait lapider en plein théâtre et dédie ensuite au même endroit une statue d'Hercule Chasse-Fléaux.[346] Ce geste de piété prouve, selon Apollonius, qu'il a non seulement "fait appel à l'aide" d'Hercule, mais aussi et surtout qu'il l'a reconnu publiquement, écartant ainsi tout soupçon d'arrogance charlatanesque :

> "Quel homme, Seigneur, ayant l'ambition de passer pour sorcier (*goês*), aurait, crois-tu, attribué à un dieu un résultat qu'il aurait obtenu tout seul ? A qui pourrait-il faire admirer son art, s'il abandonnait au dieu le mérite de son miracle ? Qui prierait Héraclès s'il était un sorcier ?"[347]

Revenons à notre texte de départ. La question qui se pose désormais est celle de la valeur informative de la formule d'Ac. 8, 10b. Est - ce une calomnie pure et simple ou bien se peut-il qu'elle recèle tout de même une indication sérieuse sur le ministère de Simon de Samarie ?

Si l'on s'aventure brièvement dans la littérature patristique sur Simon, l'on note immédiatement que le motif de la déification joue un rôle crucial dans la panoplie polémique déployée par les Pères. Justin, par exemple, amplifie l'attaque de Luc en précisant :

> "On le [Simon] prit pour un dieu (*theos enomisthê*); il eut sa statue comme un dieu : elle s'élève [à Rome] dans une île du Tibre, entre les deux ponts, avec cette inscription latine : *Simoni Deo Sancto*".[348]

L'argument de la statue vola en éclat au seizième siècle quand, après avoir retrouvé l'inscription en question *in situ*, l'on se rendit compte qu'elle n'était que le témoignage d'une offrande votive à une divinité sabine : Semo

---

les habitants de Lystre qui croient avoir affaire à des dieux descendus sur terre. Quantité de passages des Actes dépeignent les miracles chrétiens comme des manifestations de Dieu dont les apôtres ne seraient que les humbles intermédiaires (Ac. 3, 12; 19, 11; etc.).

[346] Philostrate, *Vie d'Apollonius*, IV, 10.

[347] Philostrate, *Vie d'Apollonius de Tyane*, VIII, 7 (Trad. P. GRIMAL, *Romans grecs et latins*, Paris, 1958, p. 1312).

[348] Justin Martyr, 1° *Apologie*, 26.

Sancus.[349] Le texte, sur lequel Justin n'avait commis aucune "confusion",[350] mais qu'il avait au contraire délibérément falsifié, en était en réalité : *Semoni Sanco Deo Fidio* ("Au dieu saint et fidèle Semo Sancus").[351]

Hippolyte (début du IIIème s. ap. J.-C.) base d'emblée son attaque contre Simon sur le motif de la déification. Il rappelle d'abord le passage des Actes qui raconte, d'après lui, comment Simon "essaya de se déifier lui-même" (*theopoiêsai eauton epecheirêsen*). L'évêque de Rome compare ensuite Simon, cet *anthrôpos goês*, à un certain Apsethus, un charlatan libyen qui avait réussi, avant de se faire brûler pour imposture, à se faire adorer comme un dieu en lâchant dans la nature des perroquets auxquels il avait appris à répéter : "Apsethus est un dieu" (*Apsethos theos estin*).[352]

La façon dont Hippolyte amplifie l'attaque des Actes contre Simon ne laisse aucun doute quant au peu de crédit qu'il importe d'accorder à son texte en tant que notice "historique" : chez lui, Simon n'est plus seulement adoré comme un dieu, il se proclame lui-même comme étant l'égal d'un dieu. Cependant, le texte des Actes ne se prête à cette interprétation que si l'on veut bien lire dans le terme *megas* en 8, 9 un titre divin que Simon s'appliquerait à lui-même. La conclusion unique à tirer des textes d'Hippolyte et de Justin est qu'ils ne fournissent aucun surcroît

---

[349] Cf. E. LINK, Art. : "Sancus", in : PAULY-WISSOWA, *Realencyclopädie*, 2ème série, Vol. 1/1, Stuttgart, 1914, col. 2252-2256.

[350] A. HAMMAN, *La philosophie passe au Christ*, Paris, 1958, p. 54 (n. 2).

[351] Cf. *Corpus Inscriptionum Latinarum* (*C.I.L.*, N° 567); pour une autre inscription romaine rédigée de la même façon, mais avec l'adjectif *sanctus* en plus, voir *C.I.L.*, N° 30.994.

[352] Cf. Hippolyte de Rome, *Philosophoumena*, VI, 7-8. Cette légende, également populaire chez les auteurs païens (cf. Maxime de Tyr, *Dissertations*, 35, 15-17), confirme, encore une fois le fait que, dans l'Antiquité, le charlatan était souvent défini par sa propension à s'auto-déifier, un trait de caractère particulièrement répugnant aux yeux des anciens que l'on retrouve d'ailleurs en bonne place dans la caricature d'Alexandre d'Abonotique par Lucien. La meilleure preuve, selon Lucien, de "l'impudence" (*tolmêma*) d'Alexandre est qu'il se serait fait représenter, portant les attributs divins et héroïques d'Asclepius et de Persée, sur une pièce de monnaie (chap. 59). Inutile de préciser que cette émission n'a jamais été retrouvée (sur la numismatique d'Abonotique-Ionopolis, cf. W. H. WADDINGTON *et alii*, *Recueil général des monnaies grecques d'Asie Mineure*, Vol. 1/1, Paris, 1904, Planche 17, et description).

d'information sur la déification de Simon, telle que les Actes la décrivent : ils ne font guère que "noircir le tableau".

Tentons maintenant de répondre à la question posée plus haut : que peut nous apprendre la formule d'Ac 8, 10b à propos du Simon historique ?

Deux hypothèses valent la peine d'être prises en compte :
- selon la première, l'acclamation d'Ac. 8, 10b n'implique l'arrogance démesurée de Simon que parce qu'elle est appliquée, par Luc, à un charlatan. Replacée dans son cadre prophétique, elle peut simplement signifier que Simon, en bon prophète, s'identifiait à Dieu en rendant ses oracles et que ses fidèles saluaient en lui la manifestation de la divinité. Luc, en omettant habilement de mentionner le caractère prophétique du ministère de Simon,[353] ne ferait que transposer cette formule hors du seul contexte qui aurait permis d'en saisir le sens primitif;
- la seconde hypothèse serait que Luc ait simplement remplacé le verbe "avoir" par le verbe "être", transposant l'acclamation entière de l'accusatif au nominatif. Dans ce cas, la formule d'acclamation originale, propre au cercle simonien, aurait été :
"Celui-ci possède la puissance de Dieu, celle qu'on appelle la Grande".[354]

Que l'on opte pour la première ou la seconde hypothèse, ce devait être la puissance de Dieu que la foule de Samarie reconnaissait dans les miracles et les prophéties de Simon. Rien de plus, en somme, que ce que Luc accorde aux apôtres.

1.5. Le commerce du sacré :

Le cinquième motif stéréotypé à faire l'objet de notre étude est aussi le seul qui ait été considéré comme tel par la recherche passée. Dans un brillant article, au long duquel il s'attache à analyser les texte d'Actes 8 comme un révélateur de la théologie lucanienne de l'Esprit, C.K. BARRETT voit dans l'offre d'argent par Simon le reflet d'un ancien lieu commun dirigé contre les magiciens, celui qui servait à fustiger leur vénalité et leur cupidité notoires. Après avoir cité un certain nombre de sources, l'auteur en conclut que :

---

[353] En évitant, par exemple, d'appliquer à Simon l'insulte *pseudoprophêtês* (Ac. 13, 6).
[354] Cf. Flavius Josèphe, *Antiquités juives*, VIII, 408, à propos de Michée : "il possède la puissance de l'esprit divin" (*tou theiou pneumatos echei tên dynamin*).

"Là où il y a demande pour des armes ou du beurre, il y aura des gens pour en vendre au meilleur prix qu'ils puissent en tirer. C'est ainsi, sans nul doute, que ferait Simon - du moins d'après l'opinion que Luc a de lui. S'il était disposé à payer de l'argent pour le pouvoir de conférer l'Esprit par l'imposition des mains, il avait certainement l'intention de fixer un prix pour ce produit lorsqu'il aurait à le transmettre."[355]

La démonstration de BARRETT ne manque ni de panache ni d'ingéniosité, et il est certainement dans le vrai lorsqu'il identifie dans la demande de Simon un *topos* polémique bien connu dans l'Antiquité. Là où son analyse pèche, en revanche, c'est lorsqu'il s'intéresse plus à une situation hypothétique (ce que Simon pourrait faire de son pouvoir) qu'à la situation telle que Luc la dépeint. Car, à lire le passage en question, il apparaît clairement que les personnes risquant de se voir placées dans le rôle du magicien par l'offre de Simon sont les apôtres eux-mêmes. A eux seuls, et non à Simon, revient la responsabilité d'accepter ou de refuser l'argent. En d'autre termes, à ce moment crucial du récit, le soupçon de magie semble planer sur les apôtres plus que sur Simon. Voilà un paradoxe qui ne manque pas de piquant, et qu'il nous faudra expliquer le moment venu.

Avant de proposer notre propre interprétation, il est indispensable de passer en revue les diverses sources sur la "vénalité légendaire des charlatans", en vue de déterminer comment le texte des Actes s'y rattache et surtout, comment il s'en distingue. Aux sources mentionnées par BARRETT,[356] nous ajouterons celles que nous avons collectées de notre côté.

Commençons par isoler les termes employés par Luc dans sa description de l'offre de Simon au v. 18b : "il leur apporta de l'argent" (*prosenenken autois chrêmata*). Le dernier terme est repris par Pierre au v.20, lorsqu'il reproche à Simon d'avoir voulu "acheter" (*ktasthai*) le don de l'Esprit "avec de l'argent" (*dia chrêmatôn*). Les *chrêmata*, les "richesses",

---

[355] C.K. BARRETT, "Light on the Holy Spirit from Simon Magus (Act 8, 4-25)", in : *Les Actes des Apôtres. - Traditions, rédaction, théologie*, J. KREMER, Ed., Gembloux - Louvain, 1979, pp. 281-295 (p. 288 - notre traduction).
[356] Cf. C.K. BARRETT, *loc. cit.*, pp. 287-288.

lcs "biens", ou plus simplement "l'argent", c'est ce que cherche à gagner le magicien par l'exercice de son art : le terme est relativement bien attesté dans les accusations de magie. Dans l'un de ses projets de textes législatifs, Platon accumule les charges d'impiété contre les prêtres purificateurs, ses ennemis jurés, et les accuse de prétendre ensorceler les vivants, les morts et même les dieux grâce à de puissantes incantations. Pour Platon, ils sont des impies qui, "par amour de l'argent" (*chrêmatôn charin*), n'épargnent la ruine ni aux individus ni aux cités".[357]

Le même type d'invective apparaît sous la plume de Philostrate, dans l'apologie d'Apollonius de Tyane. La défense du philosophe consiste à dresser un tableau peu reluisant des moeurs des "magiciens", à s'en désolidariser en les accablant de reproches tels que : "tous sont des êtres cupides (*philochrêmatoi*); (...) ils sont toujours à la recherche d'une grande fortune" (ou "excès de richesse" : *hyperbolas chrêmatôn*).[358] Dans le livre précédent, après avoir décrit un miracle d'Apollonius, Philostrate dédouane son héros en se lançant dans une longue digression sur les magiciens, précisant qu'ils soutirent de leurs dupes d' "immenses sommes d'argent" (*chrêmata lampra prattontai*).[359]

Lucien de Samosate accuse Peregrinus de duper les Chrétiens et de leur extorquer "beaucoup d'argent" (*polla chrêmata*) car, dit-il, par leur simplicité d'esprit, ceux-ci tombent toujours dans les rets de n'importe quel "charlatan (*goês*) et manipulateur capable de profiter (*chrêsthai*) de l'occasion".[360]

Chez Irénée, Marcus le gnostique aide les riches femmes qui l'entourent à prophétiser et se voit récompenser par le don de leurs possessions (*tên tôn hyparchontôn dosin*) : de là, est-il précisé, il accumule "une masse immense de richesses" (*chrêmatôn plêthos poly*).[361]

Plusieurs autres termes servent à stigmatiser la vénalité des magiciens. Le "salaire" (*misthos*) figure parmi les plus populaires. Pour Œnomaus et le papyrus de Berlin, le dieu Apollon et son prophète "avide" ne sont guère plus que de vulgaires bateleurs qui rendent des oracles pour

---

[357] Platon, *Lois*, 909b.
[358] Philostrate, *Vie d'Apollonius de Tyane*, VIII, 7 [Edition LOEB, pp. 298-299].
[359] Philostrate, *Vie d'Apollonius ...*, VII, 39.
[360] Lucien de Samosate, *La mort de Peregrinus*, 13.
[361] Irénée de Lyon, *Contre les hérésies*, I, 13, 3.

un *misthos*.[362] Alexandre prophétise aussi *epi mistho* et ses "exégètes" engrangent *misthous ouk oligous*.[363] L'exorciste syrien, dans le *Philopseudês* de Lucien, pratique son art "pour un gros salaire" (*misthô megalô*)[364] et, pour en revenir au dernier texte cité de Philostrate, les charlatans ne font étalage de leur habileté que : "dans l'espoir d'en tirer profit" (*hyper misthou sphisin*).[365]

L'on peut encore mentionner les "talents" (*talanta*) que s'approprie un autre magicien chez Lucien,[366] les "pièces d'or en grand nombre" (*chrysous ouk oligous*) que soutire le faux sorcier d'Aristénète à sa victime,[367] et la "fortune" (*thêsauros*) qu'amassent les faux prophètes concurrents d'Apollonius.[368]

D'une façon générale, ce sont les devins qui sont la cible favorite de ces charges de vénalité. Les exemples en sont innombrables et il serait fastidieux d'en mentionner plus.[369] Qu'il suffise de retenir que, dans la mentalité antique, le prophète convaincu de cupidité tombe instantanément dans la catégorie des *goêtai*. Il ne fait aucun doute que l'auteur des Actes était familier de ce motif, puisqu'il en use avec brio dans son récit de la rencontre de Paul et de la prophétesse païenne à Philippes en Ac. 16, 16 : les maîtres de cette dernière, Luc précise-t-il avec sarcasme, "faisaient grand profit" (*polla ergasia*) de ses prophéties.

Ce détour par les parallèles était nécessaire pour comprendre le texte des Actes sur Simon. Car l'on sait maintenant ce qu'implique l'offre des *chrêmata* an Ac. 8, 18 : une acceptation de la part des apôtres impliquerait qu'ils se rangeassent eux-mêmes, et non Simon, dans la troupe

---

[362] Cf. Œnomaus de Gadara, *Les magiciens démasqués* (*Goêtôn phora*), in : Eusèbe de Césarée, *Préparation évangélique*, V, 29, 5.

[363] Cf. Lucien de Samosate, *Alexandre ou le faux prophète*, 5 et 49 (voir aussi le paragr. 32 : *elambanen oun polla [...] par'ekeinô*).

[364] Lucien de Samosate, *Philopseudês*, 16.

[365] Cf. Philostrate, *Vie d'Apollonius*, VIII, 7 [Edition LOEB, pp. 298-299].

[366] Cf. Lucien de Samosate, *Philopseudês*, 15.

[367] Cf. Aristénète, II, 18.

[368] Cf. Philostrate, *Vie d'Apollonius*, VI, 41.

[369] Pour un supplément de sources, cf. J. REILING, *Hermas and Christian Prophecy. - A Study of the Eleventh Mandate*, Leiden, 1973, pp. 53-54 (et notes).

indistincte des charlatans. Bien entendu, Pierre refuse ceci avec véhémence, montrant ainsi que l'Esprit n'est pas à vendre. De tout cela, il découle que Luc n'utilise pas directement le motif de la vénalité contre Simon. Il n'est dit nulle part, en effet, que Simon récoltait de l'argent pour ses miracles. De même, il est peu probable que Luc ait voulu accuser Simon indirectement, en sous-entendant, comme le soutient BARRETT, qu'il n'hésiterait pas à monnayer l'Esprit après coup. Une telle déduction s'éloigne du texte et accorde trop de place au non-dit.

La phase finale de notre analyse doit donc se concentrer sur la nature exacte de la pointe polémique contre Simon. En d'autres termes, en quoi la crédibilité de Simon a-t-elle a souffrir de son offre ? - La réponse la plus simple est que Simon commet l' "erreur" impardonnable de confondre les apôtres avec des magiciens, de voir en eux ce qu'il a été lui-même, à savoir des professionnels soucieux d'obtenir le meilleur prix pour leur formules, leurs talismans et leurs recettes. Cette inversion fictive des rôles, fictive parce qu'elle ne se produit que dans l'esprit de Simon, est un coup de génie de la part de Luc. Elle implique que Simon, au plus profond de sa personne, n'a pas fondamentalement changé d'orientation après sa conversion au message des apôtres. D'avoir passé du rôle d'objet d'admiration à celui d'admirateur n'a en rien modifié son orientation intime. Resté entièrement tributaire de sa "mentalité magique", il ne fait que projeter sur les apôtres la fonction et les attributs du magicien qui lui sont familiers.

L'originalité de Luc est donc d'avoir dépeint Simon non pas comme l'objet mais comme le *sujet* du stéréotype. C'est Simon, en effet, qui porte un faux jugement sur les apôtres et croit pouvoir leur appliquer le lieu commun. En faisant cela, bien sûr, il se démasque lui-même : car comment peut-on à la fois être un converti sincère et se prendre pour le client/collègue d'un magicien ? Ce malentendu prend dans le discours de Pierre la dimension d'un épouvantable sacrilège, car l'offre de Simon implique que le pouvoir (*exousia*) de donner l'Esprit par l'imposition des mains est rabaissée au niveau d'une formule magique sujette à transactions.[370] D'une

---

[370] Pour Luc, Simon a cru voir une opération magique dans le don de l'Esprit. C'est aussi l'interprétation d'Actes 8 que retient Irénée de Lyon dans sa paraphrase du texte : *Adversus Haereses*, I, 23, 1 : "*[Simon] et per impositionem manuum spiritu sancto adimplere credentes Deo, per eum, qui ab ipsis evangelizatur, Christus Iesus, per majorem quandam magicam scientiam et hoc suspicans fieri*".

certaine manière, les exorcistes juifs, que Luc accuse de magie en Actes 19, sont coupables d'un sacrilège identique lorsqu'ils empruntent l'*onoma Iesou* afin d'exorciser un possédé. Pour l'auteur des Actes, les fils de Scéva ont cru voir dans le nom du Seigneur une *vox magica* capable de chasser les démons à coup sûr.[371]

La proposition d'achat (Ac. 8, 18b), en tant qu'elle fait référence à un stéréotype des plus répandus dans l'accusation de magie, devra donc être éliminée de notre reconstitution. Quant à la demande de l'*exousia* (Ac. 8, 19), une fois débarrassée de sa gangue diffamatoire, elle pourra y être intégrée telle quelle.

1.6. Méchanceté et perversité :

Le discours de Pierre contient plusieurs allusions à la perversité de Simon. Celles-ci sont formulées dans un langage théologique fortement influencé par la Septante.[372] L'on apprend tout d'abord que le "coeur" (*kardia*) de Simon "n'est pas droit devant Dieu" (*ouk estin eutheia enanti tou theou*), une réminiscence du Ps. 78, 37 (*LXX*). Il est ensuite demandé à Simon de se repentir de sa "méchanceté" (*apo tês kakias sou*), méchanceté qui s'est manifestée au grand jour lorsque la "pensée" (*epinoia*) lui est venue de vouloir acheter le don de l'Esprit. La conclusion de Pierre, peut-être influencée par Dt. 29, 17d (*LXX*) et Is. 58, 6a (*LXX*), est que Simon demeure "dans l'amertume du fiel (*cholê pikrias*) et le lien de l'iniquité" (*syndesmon adikias*).

L'activité rédactionnelle de Luc est ici manifeste. La phraséologie du v. 22 (*hê epinoia tês kardias sou*) rappelle l'apostrophe de Pierre à Ananias (5, 4 : *ti oti ethou en tê kardiâ sou to pragma touto*), également formulée dans une condamnation portée contre un pécheur. Mais le

---

[371] Ac. 19, 13 : d'après F. MÜSSNER, *Die Apostelgeschichte*, Würzburg, 1984, *ad loc.*, le péché des conjurateurs consiste à vouloir utiliser le Nom : "*als Zaubermittel (...), ohne an ihn zu glauben*".

[372] Pour le détail des allusions à la Septante, voir D.A. KOCH, "Geistesbesitz, Geistverleihung und Wundermacht : Erwägungen zur Tradition und zur lukanischen Redaktion in Act 8, 5-25", in : *Zeitschrift für die Neutestamentliche Wissenschaft*, 77, 1986, pp. 64-82 (p. 72, n. 21).

parallèle interne le plus parlant est celui de l'oracle vengeur qu'adresse Paul à un autre *magos*, le mage juif Bar-Jésus/Elymas, à la cour du proconsul de Chypre. De même que le coeur de Simon manque de "rectitude" (8, 21), Elymas s'évertue à "rendre tortueuses les voies du Seigneur qui sont droites" (*eutheia*, 13, 10).[373] Dans ce dernier verset, la perversité d'Elymas est aussi dénoncée au travers d'une série d'insultes cumulatives :

> "Toi qui es rempli de toute ruse (*pantos dolou*) et de toute scélératesse (*pasês radiourgias*), fils du diable, ennemi de toute justice (*echthre pasês dikaiosynês*)."

Or, si l'on rassemble certaines des attaques portées contre le caractère de Simon (*kakia, adikia*) et contre celui d'Elymas (*dolos, radiourgia, echthros pasês dikaiosynês*), l'on obtient une liste d'autant plus révélatrice qu'elle reflète fidèlement les invectives traditionnellement appliquées aux *goêtai* dans l'Antiquité.

La diffamation systématique du caractère faisait partie intégrante de l'exercice rhétorique du "blâme" (*psogos / vituperatio*), de même que la célébration des qualités était requise pour l'éloge (*epainos / laus*). Dans le cas de l'accusation de magie, un certain nombre de vices stéréotypés se devaient d'être appliqués à la cible. Ainsi, *kakia*, que l'on peut traduire littéralement par "nature mauvaise" ou "disposition au mal", est un concept-clef dans le tableau que dresse Lucien du caractère d'Alexandre d'Abonotique. Pour Lucien, Alexandre était doué d'une intelligence et d'une vivacité d'esprit exceptionnelles :

> "Mais il fit d'elles le pire des usages possibles et, avec ces nobles instruments à son service, devint bientôt le plus habile de tous ceux qui sont renommés pour leur vilenie (*tôn epi kakiâ diaboêtôn*), surpassant même les Cécropes, Eurybate, Phrynondas, Aristodémos et Sostrate."[374]

---

[373] S. BROWN, *Apostasy and Perseverance in the Theology of Luke*, Rome, 1969, p. 136, pense que la formule résulte d'une conflation de Prv. 10, 9 (LXX : *ho de diastrephôn tas hodous autou*) et de Os. 14, 10b (*LXX : eutheiai hai hodoi tou kyriou*).

[374] Lucien de Samosate, *Alexandre*, 4 : les coquins célèbres mentionnés par Lucien sont tout droit extraits d'une liste préfabriquée semblable à celle que l'on trouve dans le *peri blasphêmiôn* (*Sur les insultes*) de Suétone, sous la tête de chapitre *eis ponêrous* ("contre les méchants"). Suétone mentionne Eurybate, Phrynondas (*epi panourgiâ kai kakoêtheiâ periboêtos*; cf. la formulation de

La combinaison de *kakia* et *adikia* (injustice, iniquité) semble avoir figuré dans l'accusation portée par Polémon contre le prophète gaulois. La version grecque originale étant perdue, rappelons-le, nous nous basons sur une traduction latine de la version arabe :

> "Il parcourait les villes et les agoras, rassemblant les gens pour montrer le mal (*malum*) et rechercher l'iniquité (*iniquitas*) [...]. Il était lui même grand expert dans la pratique du mal (*summus in male faciendo doctor erat*)"[375]

Les termes qui servent à caractériser Elymas en Ac. 13, 10 ont également une longue histoire qui s'étend depuis la Grèce classique jusqu'au second siècle de notre ère. L'expression *plêrês dolou* ("plein de ruse") désigne chez Platon les "devins" (*manteis*) et les experts "en toute espèce de sorcellerie" (*peri pasan tên manganeian*).[376] Pour en revenir à Alexandre d'Abonotique, Lucien dénonce non seulement sa pratique de la sorcellerie (*goêteuein, manganeuein*), mais aussi les vices de l'âme qui en accompagnent l'exercice :

> "En somme, imaginez-vous et figurez-vous mentalement un mélange de l'âme extrêmement varié, fait de mensonges, de ruses (*dolon*), de parjures et de malices."[377]

L'astrologue Vettius Valens précise également qu'une certaine configuration planétaire produit les "magiciens (*magous*), les charlatans (*planous*)" et autres manipulateurs du sacré, qui "mènent à bien leurs entreprises par voie de fourberie, de fraude et de ruse (*dolou*)".[378]

Lucien) et les Cécropes auxquels il applique les épithètes peu flatteuses de *panourgoi* et *apatêloi*. Parmi les "méchants" célèbres de Suétone figurent aussi des magiciens : les Telchines, *goêtes kai pharmakeis*, proches des Idéens dactyles. Les fragments du *peri blasphêmiôn* ont été publiés par E(mmanuel) MILLER, *Mélanges de littérature grecque contenant un grand nombre de textes inédits*, Paris, 1868, pp. 415-426. E. MACÉ, *Essai sur Suétone*, Paris, 1900, pp. 269-270, démontre que Suétone a composé son traité directement en grec.

[375] Polémon, *De Physiognomonia*, (Ed. FOERSTER, p. 162) : pour les références précises et le texte dans son entier, cf. *supra*, Chap. 1, § 2.1 : pp. 39-43 (p. 41).

[376] Platon, *Lois*, 908d.

[377] Lucien de Samosate, *Alexandre*, 4.

[378] Cf. Vettius Valens, *Anthologiae*, II, 17, 57 (éd. D. PINGUE, Leipzig, 1986, p. 71, l. 26-28).

La "scélératesse" (*radiourgia*) dont Elymas est accusé dépend de la même rhétorique : c'est, d'après Diodore, le vice dont Eunus le "magicien faiseur de miracles" se serait rendu coupable tout au long de sa vie.[379] La dénonciation de la nature démoniaque d'Elymas (*huie tou diabolou*) semble refléter une hyperbole traditionnelle qui visait à faire ressortir le caractère foncièrement mauvais de la personne accusée de magie.[380] Quant à la formule : *echthre pasês dikaiosynês*, elle rappelle l'une des formules-type du *psogos* que Pollux inclut dans sa liste : *nomois echthros* (l'ennemi des lois).[381]

Dans le cadre des accusations de magie au sens figuré qui fleurissaient parmi les joutes oratoires du IVème s. av. J.-C., le qualificatif *ponêros* ("mauvais", "méchant") va souvent de pair avec *magos* ou *goês*.[382] La notion de perversité et de méchanceté étaient donc, dans l'Antiquité, un *topos* essentiel de la description du magicien. Luc s'en inspire certainement dans le cas de Simon, tout en rajoutant à l'idée de dépravation morale celle de péché contre Dieu et de punition imminente. Mais là encore, les stéréotypes fonctionnent à plein. Dans la section suivante, nous allons voir que les auteurs anciens voyaient aussi dans les magiciens des êtres haïs des dieux et dignes des pires châtiments.

1.7. Impiété et châtiment divin :

Dans son oracle de jugement, Pierre maudit Simon en lui annonçant que lui et son argent vont derechef basculer dans la "perdition" (*apôleia*, Ac. 8, 20). Les spéculations vont bon train chez les exégètes pour

---

[379] Diodore de Sicile, 34, 2, 23 : voir le texte dans son entier, cité - *infra* -, § 1.7 (pp. 132-133).

[380] Dans Plutarque, *Vie de Crassus*, XXII, 4, le traître Ariamnès, qui est parvenu à gagner la confiance du général romain Crassus et à fourvoyer l'armée romaine dans le désert, se voit reprocher son action par le fidèle Cassius : "Quel mauvais génie (*tis se daimôn ponêros*), ô le plus méchant des hommes (*o kakiste anthrôpon*), t'a amené vers nous, et par quels philtres et sorcelleries (*tisi pharmakois ê goêteiais*) as-tu persuadé Crassus de venir jeter son armée en cet abîme de désert ?". Voir aussi Celse, *Logos alêthês*, in : Origène, *Contre Celse*, 1, 68, qui voit dans les magiciens de foire comme Jésus des "hommes pervers et possédés de mauvais génies" (*anthrôpôn ponêrôn kai kakodaimonôn*).

[381] Cf. Pollux, *Onomasticon*, IV, 35.

[382] Cf. Démosthène, *Sur la couronne* (Discours 18), 276; *Sur l'ambassade* (Discours 19), 109; Eschine, *Contre Ctésiphon*, 137.

déterminer ce que Luc entend au juste par *apôleia*, s'il fait référence à une mésaventure prochaine de Simon ou à sa damnation certaine.[383] L'incertitude vient en grande partie de ce que le terme est un *hapax* en Luc - Actes. Certains récits de *Strafwunder* dans les Actes permettent toutefois de lui assigner un sens satisfaisant. Comme le discours de Pierre à Ananias (Ac. 5, 3-4), celui que l'apôtre adresse à Simon contient la prophétie d'une punition céleste susceptible de survenir à tout moment. Ananias et son épouse, Saphira, avaient aussi trafiqué de leur argent et offensé l'Esprit Saint. Leur châtiment, à savoir la mort subite, est peut-être ce qui attend Simon, à moins que d'autres malheurs, moins définitifs, ne lui soient destinés.

_ Les autres magiciens décrits par Luc dans les Actes sont tous les victimes de mésaventures tragi-comiques dont la fonction n'est pas seulement de rendre manifeste leur fraude par une sanction divine, mais aussi de les atteindre dans leur dignité en les ridiculisant. En Actes 13, Paul prédit que le mage et prophète juif Elymas va devenir aveugle par la volonté de Dieu; le résultat ne se fait pas attendre et Luc nous décrit Elymas, aveugle, "tournant de tous côtés, cherchant quelqu'un pour le guider" (13, 11). La pointe humoristique est manifeste, car le prophète, dont le rôle est d'être un "voyant", et par conséquent sensé voir "ce que le l'oeil ne voit pas", est ici privé du simple sens de la vue, commun à tout mortel. L'on a l'impression d'assister à une parodie du drame de Tirésias lequel, selon la légende, offensa les dieux, fut puni par la perte de la vue,[384] et en reçut compensation par l'octroi du don de prophétie. Mais, à l'encontre de Tirésias, Elymas ne perd pas la vue pour que lui soient ensuite impartis des pouvoirs divinatoires : le fait qu'il devienne aveugle physiquement n'est que la métaphore de son ignorance et de son inaptitude en tant que devin.[385]

---

[383] Cf. *supra*, "Introduction", § 2.3 (pp. 15-22).

[384] En Ac. 13, 11, Paul prédit à Elymas que la "main du Seigneur" va le rendre aveugle. - Dans l'une des versions de l'histoire de Tirésias (cf. Apollodore, III, 6, 7), il est également dit d'Athéna qu'elle applique ses "mains" sur les yeux de l'indiscret pour lui faire perdre la vue (cf. O. WEINREICH, *Antike Heilungswunder. - Untersuchungen zum Wunderglauben der Griechen und Römer*, Giessen, 1909, p. 57).

[385] Cf. B. TREMEL, "Voie du salut et religion populaire", in : *Lumière et Vie*, 153-154, 1981, pp. 87-108 (p. 97); R.I. PERVO, *Profit with Delight:* ..., Philadelphia, 1987, p. 59.

Tirésias lui-même, cependant, n'échappe pas au ridicule dans la pièce de Sophocle. Œdipe lui reproche de ne pas avoir été capable de résoudre l'énigme du Sphinx, et combine une accusation de magie-charlatanisme avec celle d'aveuglement spirituel :

> "Ce magicien (*magon*), ce machinateur (*mechanorraphon*), ce rusé charlatan (*dolion agyrtên*), à l'oeil vif seulement pour le gain et totalement aveugle (*typhlos*) dans son art. Dis-moi, t'es-tu jamais vraiment montré prophète ?"[386]

La même atmosphère satirique baigne le récit d'Ac. 19, 13-17 dans lequel des exorcistes juifs tentent de chasser un démon en prononçant le nom de Jésus, "que Paul prêche", sur un possédé. La réponse du démon, toute empreinte d'ironie, est d'abord verbale (v. 15 : "Jésus je le connais, Paul je sais qui il est, mais vous qui êtes-vous ?"), puis se traduit en action : les sept exorcistes, battus comme plâtre par le possédé à lui seul, fuient tout nus, meurtris dans leur corps comme dans leur amour-propre (v. 16).[387]

Les épisodes de Chypre et d'Éphèse montrent que Luc était parfaitement au fait des diverses options narratives qui s'offraient à lui lorsqu'il s'agissait de dépeindre un ou plusieurs "magiciens" punis par Dieu et ridiculisés par le châtiment lui-même. Les techniques littéraires de l'Antiquité permettaient de moduler à l'envi à la fois la gravité et la tonalité du châtiment qu'il s'agissait d'appliquer au "sorcier". L'accusation de magie contre les prophètes thaumaturges inclut souvent le motif de la mort hideuse et repoussante, sorte de rétribution visant à manifester la dépravation morale du sujet visé. La fin d'Eunus, telle que la dépeint Diodore, est des plus instructives car elle révèle comment l'on pouvait, grâce à quelques touches habilement placées, salir jusqu'à la dernière heure de son ennemi.[388] Le prophète guerrier est encerclé par l'armée romaine dans une place forte :

> "Et Eunus, le roi charlatan (*teratias*), qui s'était lâchement (*dia deilian*) réfugié dans des grottes, en fut tiré avec quatre compagnons : son cuisinier, son boulanger, celui qui le massait aux bains et un quatrième qui l'amusait d'ordinaire dans les

---

[386] Sophocle, *Œdipe roi*, 387-390.
[387] Le ton humoristique du récit est relevé par G. STAEHLIN, *Apostelgeschichte*, 1962, *ad loc.*; W. SCHMITHALS, *Apostelgeschichte*, 1982, p. 176; R.I. PERVO, *Profit with Delight: ...*, 1987, p. 63.
[388] Voir S. KOSTER, *Die Invektive*, 1980, p. 367, les entrées de l'index : "*Post mortem*" et "*Totenschmähung*".

banquets. Il fut mis en prison; son corps fut rongé par une innombrable vermine et il termina ses jours d'une façon digne de sa friponnerie (*oikeiôs tês peri auton radiourgias*) à Morgantine".[389]

Alexandre d'Abonotique meurt de la même manière, risible et dégoûtante, dans la version des faits que donne Lucien :

"Car son pied se putréfia jusqu'à l'entrejambe et il fut infesté de vers. C'est alors que l'on découvrit qu'il avait le crâne chauve car, à cause de la douleur, il avait laissé les médecins lui oindre la tête, chose qu'il n'auraient pu faire sans enlever sa perruque au préalable." [390]

Ce motif du fanfaron mangé par les vers est familier à Luc. Il ne l'applique cependant pas à un magicien, mais à un souverain, Hérode, qu'il accuse d'avoir voulu, comme Simon, se faire adorer à l'égal d'un Dieu (Ac. 12, 23).[391]

Les oeuvres de fiction, que ce soient les *midrashîm* de l'Ancien Testament ou le roman hellénistique, font du motif de la "punition du sorcier" un usage abondant. Dans les *Jubilés* et le *Livre de Jannès et Jambré*, les magiciens de Pharaon (cf. Exode 7) succombent à un ulcère malin pour avoir osé s'opposer à Moïse.[392] Le mage Nectanébo meurt en n'ayant pas su prédire sa fin; précipité du haut d'un rocher par Alexandre, il se voit reprocher son ignorance *in articulo mortis* :

---

[389] Cf. Diodore de Sicile, 34, 2, 23 (Photius, *Bibliothèque*, 386b, traduction R. HENRY, Vol. 6, 1971, pp. 153-154). - K.R. BRADLEY, *Slavery and Rebellion*, 1989, p. 116, prend la mention du cuisinier, boulanger et masseur au sérieux; elle indiquerait selon lui qu'Eunus entretenait un train royal. Il est très probable qu'Eunus ait effectivement eu quantité de serviteurs, mais BRADLEY omet de prendre en compte la pointe satirique dans le texte de Diodore : Eunus, à la fin de sa carrière, revient sur un pied d'égalité avec les membres du sous-prolétariat au-dessus duquel il s'était momentanément élevé.

[390] Cf. Lucien de Samosate, *Alexandre ou le faux prophète*, 59.

[391] Voir aussi le récit de la mort d'Antiochus Épiphane en 2 Macc. 9, 9, qui constitue probablement le prototype du récit des Actes.

[392] Cf. *Jubilés*, 48, 11a : P. MARAVAL, "Fragments grecs du Livre de Jannès et Jambré", in : *Zeitschrift für Papyrologie und Epigraphik*, 25/1977, pp. 199-207 : [Pap. grec de Vienne, N° 29456 et 29828-Verso].

"C'est toi-même qu'il faut blâmer, astrologue (...). Ne comprenant pas les choses de la terre, tu cherches à connaître le ciel."[393]

L'on voit réapparaître ici le stéréotype du prophète aveugle déjà identifié dans les épisodes d'Elymas et de Tirésias. La magicienne des *Éthiopiques* d'Héliodore se fait prédire sa fin par son fils défunt, qu'elle galvanise grâce à la nécromancie, puis trébuche sur un glaive et meurt au milieu d'un champ de bataille :

"Elle tomba morte, ayant accompli de la sorte, sans délai, la prédiction que lui avait faite son fils et trouvé un juste châtiment".[394]

Comme pour Elymas et, dans une certaine mesure, comme pour Simon, l'annonce prophétique du châtiment en précède ici l'accomplissement.

La littérature latine aime à traduire le châtiment sur le mode franchement comique. Les sorcières Sagana et Canidie, mises en fuite, au beau milieu de leurs opérations magiques, par un simple craquement dans le bois d'une statue du dieu Priape, rappellent les exorcistes d'Éphèse (Ac. 19, 16) dans leur course dépenaillée et honteuse.[395] La magicienne Œnothée qui s'écroule dans sa cheminée, se brûle le coude et soulève un nuage de cendres, n'est que l'un des tableaux hilarants qui parsèment le *Satyricon* de Pétrone.[396] Sur un ton plus sérieux, dans une des *Épodes* d'Horace, un jeune homme sur le point d'être sacrifié par des sorcières, leur prédit leur fin prochaine lorsqu'il reviendra les persécuter sous forme de spectre.[397]

La punition providentielle du sorcier, dans l'imaginaire antique, reflète le point de vue selon lequel le magicien ou la magicienne sont des impies, des ennemis de la religion dont les sacrilèges n'échappent pas à la

---

[393] Cf. Callisthène, *Vie d'Alexandre le Grand*, I, 14.

[394] Cf. Héliodore, *Éthiopiques*, VI, 15 (Trad. P. GRIMAL, *Romans grecs et latins*, Paris, 1958, p. 674).

[395] Cf. Horace, *Satires*, 8 : voir le commentaire de A.-M. TUPET, *La magie dans la poésie latine*, Vol. 1, Paris, 1976, p. 327.

[396] Cf. Pétrone, *Satyricon*, 136 : l'ouvrage entier est une parodie de l'*Odyssée* d'Homère : cf. R. REITZENSTEIN, *Hellenistische Wundererzählungen*, Leipzig, 1906, pp. 30-31. La sorcière Œnothée n'est qu'une caricature de la célèbre nécromancienne Circé.

[397] Cf. Horace, *Épodes*, V, 90 : le jeune homme adresse aux sorcières une "malédiction effroyable (*dira detestatio*) que nulle victime n'expie (*nulla expiatur victima*)".

condamnation divine. Pour Hippocrate, les sorciers pratiquent l'impiété (*dyssebein*) et sont haïssables (*deinoi*) aux yeux des dieux;[398] pour Lucain, les "mystères des cruels magiciens (*saevorum arcana magorum*) font l'abomination des dieux d'en-haut (*supernis detestanda deis*)",[399] un motif que Celse reprendra plus tard lorsqu'il décrira Jésus comme un *goês theomisês* ("un charlatan haï des dieux").[400]

2. Les distorsions circonstancielles :

2.1. Culte de la personnalité :

Dès l'instant où l'on accepte de considérer le Simon des Actes comme un prophète thaumaturge accusé de magie, il n'est guère surprenant que son message spirituel, le contenu de sa mission et la nature du salut qu'il voulait apporter à ses fidèles, soient totalement oblitérés dans le texte de Luc.

Schématiser à outrance, résumer en une notice incomplète et parodique la mission salvifique du prophète, sont des procédés courants de l'accusation de magie.[401] Supprimer purement et simplement le message de rédemption, comme s'y emploie par exemple Flavius Josèphe à propos du prophète égyptien,[402] est également des plus efficaces pour peu que l'on puisse remplacer la doctrine manquante par une caricature suffisamment convaincante.

Omettre le message de rédemption du prophète revient à vider son ministère de ce qui en fait le sens et la raison d'être. Dans le cas particulier de Simon, Luc prive ses miracles de leur contenu spirituel et symbolique pour les ravaler au rang de simples prodiges de foire. Simon n'a pas de grand dessein, de projet religieux transcendant les limites de sa personne.

---

[398] Cf. Hippocrate, *Du mal sacré*, IV, 10-11.

[399] Cf. Lucain, *Guerre civile (Pharsale)*, VI, 430-431.

[400] Cf. Celse, *Discours véritable*, in : Origène, *Contre Celse*, I, 71.

[401] Voir en particulier : Celse, *Discours véritable*, in : Origène, *Contre Celse*, VII, 9.

[402] Cf. *supra*, Chap. 2, § 2.2 (pp. 85-100, spéct. pp. 94-100).

Ceux qui voient en lui un dieu ne le font que sous le coup de l'émotion, artificiellement entretenue par le charlatan au moyen de faits surnaturels. C'est la stupéfaction et l'émerveillement qu'engendre un "show" bien orchestré, non la prégnance spirituelle d'un message de salut qui conduit l'audience à discerner en lui la présence du divin.

Luc donne à son lecteur un indice très clair sur ce qu'il entend prouver dans son récit. Alors que les foules de la ville "s'attachaient aux paroles de Philippe" (v. 6 : *proseichon de hoi ochloi tois legomenois hypo tou Philippou*), à sa prédication du royaume de Dieu, elle "s'attachaient" auparavant à Simon lui-même (v. 10 : *hô proseichon pantes*; v. 11 : *proseichon de autô*).[403] Tout cela va de pair avec les motifs de l'orgueil et de la déification. Le magicien s'exalte lui-même, place sa personne au premier plan et accepte sans sourciller qu'on lui attribue la puissance génératrice des miracles. Ceux qui s'attachent au magicien le font parce qu'ils ont été fascinés, envoûtés, magnétisés, par ses tours de magie (cf. v. 11).[404] Philippe, en revanche, s'efface humblement derrière le message dont il n'est que le modeste porteur et les miracles dont il n'est que

---

[403] La formule : *prosechein autô* apparaît chez Flavius Josèphe dans une accusation de charlatanisme contre un prophète guerrier :
"Jonathan, homme très pervers (*ponêrotatos*) et tisserand de profession, [...] persuada (*anepeisen*) beaucoup de pauvres gens de se joindre à lui (*prosechein autô*) et les mena (*proêgagen*) au désert, ayant promis (*hypischnoumenos*) de leur montrer des signes et des apparitions" (*Antiquités juives*, VII, 438).
On reconnaît ici plusieurs des *Leitmotive* propres à la polémique contre les prophètes anti-romains chez Josèphe (le désert, les signes, etc.). Le texte contient en outre plusieurs formules stéréotypées de l'accusation de magie, telles que : la "méchanceté" du charlatan (*ponêros* : cf. *supra*, § 1.6 : pp. 127-130), sa force de "persuasion" (*anapeithein*) et la "promesse" des miracles (*hypischnoumai* : voir chez Platon, *Lois*, 909b; Philon, *Lois spéciales*, III, 101; Lucien, *Alexandre*, 5; Celse, *Logos alêthês*, in : Origène, *Contre Celse*, I, 68). - La formule : *prosechein autô* apparaît également chez Irénée, à propos de Marc le gnostique (*Adv. haer.*, I, 23, 1), mais on peut y voir une influence d'Actes 8, 10-11.

[404] Cf. E. HAENCHEN, "Simon Magus in der Apostelgeschichte", in : *Gnosis und Neues Testament*, Gütersloh, 1973, pp. 267-280 : "In V. 10 aber konnte Lukas nicht sagen, dass die Leute zum Glauben an Simon kamen - an einen Zauberer 'glaubt' man doch nicht ! Hätte Lukas das Wort *pisteuô* in Verbindung mit Simons Anhängern verwendet, dann hätte er Simon aus der Sphäre eines blossen Zauberers herausgehoben" (p. 275).

l'instrument.[405] Les nouveaux convertis, quant à eux, décident de leur adhésion en toute lucidité, sur la base d'une prédication. Profondeur et superficialité, authenticité et fraude, piété véritable et magie, tel est le contraste que Luc établit, à grand renfort de signaux plus explicites les uns que les autres, entre les deux prophètes.

2.2. Ensorcellement massif et conversion unanime :

D'après le texte des Actes, la population de la ville de Samarie était tout entière tombée sous le "charme" de Simon. Luc ne mentionne aucune exception, pas même un incrédule ou un sceptique qui aurait échappé à la démence générale. L'influence de Simon est totale, son magnétisme s'exerce sans discrimination :

> "Tous (*pantes*) s'attachaient à lui, du plus petit au plus grand (*apo mikrou eôs megalou*)" (Ac. 8, 10).

Dans l'*Alexandre* de Lucien, le prophète échafaude une supercherie à grande échelle, appelant la population d'Abonotique à assister à la naissance du dieu Asclépius dans son sanctuaire en construction :

> "Ceux qui étaient là - car presque toute la ville (*schedon apasa hê polis*), y compris femmes, vieillards et enfants (*gerousi kai paidiois*), était accourue - s'émerveillaient, priaient et se prosternaient".[406]

La différence majeure entre le récit de Lucien et celui de Luc réside dans le jugement porté sur la population. Lucien, se basant sur le préjugé courant dans l'Antiquité selon lequel seuls les imbéciles et les barbares se laissent duper par la magie (cf. *supra*, Chap. 2, § 1.3 : pp. 62-67), a décrit au préalable la population d'Abonotique dans son entier comme une bande

---

[405] Cf. F.S. SPENCER, *The Portrait of Philip in Acts: ...*, Sheffield, 1992, p. 51 : "It was not Philip himself, but Philip's message about Christ, which arrested the Samaritans' attention; by contrast, the Samaritans' attachment to Simon was more of a personality fixation, an enchantment with a cult figure"; *contra* J.D.G. DUNN, *Baptism in the Holy Spirit*, Philadelphia, 1970, pp. 64-65, qui doute de l'authenticité de la conversion des Samaritains.

[406] Cf. Lucien, *Alexandre*, 13.

d'idiots et d'ignorants superstitieux. Son présupposé est que seul le manque d'éducation et de discernement permet au charlatanisme de triompher.

Il va de soi que Luc n'a aucun intérêt à dépeindre les Samaritains sous les traits de semblables crétins. Le motif de la crédulité, aussi efficace qu'il fût, ne pouvait être utilisé en Actes 8 : s'il l'avait été, le lecteur aurait pu suspecter Philippe d'avoir lui aussi profité de la crédulité des foules pour imposer son message.[407] La vignette lucanienne de l'ensorcellement massif des Samaritains constitue une distorsion circonstancielle caractérisée : malgré son invraisemblance manifeste, elle a une fonction extrêmement importante dans le récit de Luc, car elle implique que Simon s'adresse à tout le monde à la fois mais à personne en particulier. Son influence sur la foule, comme celle d'un prestidigitateur sur une place de marché, est totalement abstraite, déshumanisée et, qui plus est, aliénante. Simon n'a aucun disciple, seulement une audience anonyme, sans visage, captivée par des prodiges suspects. Le *magos* est seul face à son public, point de mire de l'attention de tous pour un temps avant de disparaître dans l'oubli général.

Il se peut que Luc essaie de dissimuler sous cette caricature un élément authentique, à savoir le fait que Simon ait eu un groupe de disciples. Il est normal, en effet, pour un prophète-thaumaturge, d'être entouré d'un certain nombre d'individus qui adhèrent à sa doctrine; ceux-ci forment le noyau dur de son audience. Alexandre d'Abonotique, Apollonius de Tyane ou encore Jésus, ont tous des sectateurs permanents, des fidèles, voire des lieutenants auxquels ils délèguent de leurs pouvoirs et auprès desquels il puisent le surcroît de force nécessaire pour mener à bien la mission que leur a imposée la divinité. En isolant Simon face à la population samaritaine, en le décrivant comme quelqu'un qui ne s'inscrit dans aucun groupe distinct et bien délimité, Luc fait de son ministère un épiphénomène, un accident de parcours sans réelle substance. Dépourvu de disciples et de proches qui lui voueraient leur existence entière, croiraient en son message et lui assureraient ainsi une esquisse de légitimité, Simon n'est qu'un individu sans envergure, ballotté entre la magie et la foi, ne représentant aucune idée qui transcende sa personne.

---

[407] Luc obéit à la même nécessité en Actes 13 : la victime du "mage et faux-prophète" Bar-Jésus, le proconsul de Chypre Sergius Paulus, est loin d'être un idiot tombé sous la coupe d'un rusé charlatan, mais un "homme avisé" (v. 7a : *anêr synetos*) momentanément égaré, toujours en possession de son libre-arbitre, et qui se détache de lui-même de l'influence malfaisante d'Elymas en "cherchant à entendre la Parole" (13, 7b).

En admettant toujours que Simon ait eu des disciples, il est tout à fait possible qu'ils se soient convertis avec lui, soit à la suite de leur maître, soit après s'être concertés. Dans la version lucanienne, rien de tout cela ne peut et ne doit être dit. Suivant la stricte logique de son développement, Luc dépeint une conversion aussi massive que l'ensorcellement était total. Ce sont tous les habitants sans exception mentionnés au v. 10b qui, tout d'un coup, au v. 12, sortent de leur *ekstasis* et "croient" (*episteusan*) à ce que leur dit Philippe sur le Royaume de Dieu. Comme pour éloigner *a priori* toute ambiguïté, Luc avait déjà noté, dans la description préliminaire de la mission de Philippe (8, 6), que : "les foules [de la ville], unanimes" (*hoi ochloi... homotymadon*), s'attachaient à ses enseignements.

Luc était contraint de faire se convertir la population toute entière. S'il n'avait fait s'en convertir qu'une fraction, même importante, le lecteur le moins critique aurait vite fait de se demander si les nouveaux convertis conservaient encore quelque lien privilégié de disciple à maître avec Simon. Avec la conversion générale, le lien entre Simon et "la foule", lien de domination et de leadership, est totalement dissous, emporté dans la lame de fond de l'Evangile. C'est la foule qui prend d'elle-même le chemin de la repentance et Simon n'est plus qu'un simple quidam parmi d'autres (*kai autos episteusen*), noyé dans la masse. La populace indistincte sur laquelle il présidait s'est volatilisée en un clin d'oeil, et le voilà contraint de suivre le mouvement, sans plus de pouvoirs qu'un quelconque anonyme.

2.3. La fausse conversion de Simon :

Après avoir dénié ses *mathêtai* à Simon, Luc s'applique à discréditer sa conversion au message de Philippe. Cette fois-ci, cependant, la schématisation et la simplification cèdent le pas à un procédé subtil de distorsion, plus proche du travail de sape que du pilonnage intensif déployé dans la première section :

> "il ne lâchait plus (ê*n proskarterôn*) Philippe et s'émerveillait (*existato*) à la vue des grands signes et prodiges qui se produisaient" (v. 13).

La soumission totale du magicien, sa reconnaissance pleine et entière de la supériorité de Philippe, peut se lire comme un simple motif apologétique visant à souligner la supériorité de la mission chrétienne sur la magie.[408] Mais la façon même dont Luc décrit la conversion de Simon, les termes qu'il emploie et les soupçons qu'engendrent son récit, laissent entendre qu'elle est loin de représenter pour lui la repentance parfaite.

Le texte est manifestement construit pour offrir la réplique au v. 11 : Simon ne fait que reproduire envers Philippe l'attitude béate que ses anciens dévôts adoptaient à son endroit (*existato*). Qui plus est, il s'accroche à Philippe (*ên proskarterôn*), tout comme les habitants de la ville s'attachaient aveuglément à lui. Ce que Luc veut dire par là, c'est que la mentalité magique ne quitte pas Simon après sa conversion. Celui-ci porte en lui la relation "hypnotiseur - hypnotisé" et ne peut s'empêcher de la rétablir autour de lui. Pour Simon, les exorcismes et les guérisons de Philippe ne sont rien d'autre que des tours de magie plus habiles et plus impressionnants encore que ne l'étaient les siens.[409]

La remise en cause implicite de la conversion de Simon sert ainsi, dans le récit de Luc, à préparer son offre d'argent aux apôtres. Grâce à cette explication psychologisante, l'apostasie du Samaritain ne surviendra pas comme une entière surprise pour le lecteur.

2.4. Confession et soumission :

La réponse de Simon aux paroles de Pierre (v. 24) est sans conteste une invention de Luc destinée à confirmer le bien fondé de son accusation. A l'injonction de l'apôtre :

"Prie le Seigneur (*deêthêti tou kyriou*) et peut-être cette pensée de ton coeur te sera-t-elle pardonnée !" (v. 22b),

---

[408] Cf. *supra*, "Introduction", § 2.4 (pp. 22-26).
[409] Voir le commentaire d'Irénée, *Adversus haereses*, I, 23, 1 : *Hic igitur Simon, qui fidem simulavit, putans apostolos et ipsos sanitates per magicam, et non virtute dei perficere* - "Celui-là donc, Simon, qui simula la foi, croyant que les apôtres accomplissaient leurs guérisons par magie et non par la puissance de Dieu".

- Simon répond :

> "Priez vous-même pour moi auprès du Seigneur (*deêthête hymeis hyper emou pros ton kyrion*), afin qu'il ne m'arrive rien de ce que vous avez dit !" (v. 24)

En reconnaissant qu'il a besoin du pardon de Dieu, Simon avoue implicitement sa faute et corrobore de ce fait l'acte d'accusation. Et non seulement l'accusé procède à des aveux complets, mais il se repent de son acte,[410] prêt à implorer la miséricorde de son Créateur. Mieux encore, outre le fait de plaider coupable devant le tribunal divin, Simon prend pour avocats les apôtres eux-mêmes : c'est à eux qu'il incombe désormais de défendre sa cause, de plaider les circonstances atténuantes et d'apaiser le courroux du Juge céleste.

La réaction de Simon, telle que Luc la dépeint, laisse également transparaître son *ethos* profond. Lamentable et soumis, le magicien démasqué s'humilie publiquement comme le lâche qu'il est en réalité. Prostré dans l'attitude du suppliant, du déserteur pris sur le fait et incapable d'assumer sa faute, Simon tremble devant l'imminence du jugement. Dans la tradition occidentale (*D*), il est même dit de Simon, au v. 24, qu'il "ne pouvait s'arrêter de pleurer" (*os polla klaiôn ou dielimpanen*), une glose qui met encore plus en lumière sa faiblesse de caractère et son défaut de force morale. D'une certaine manière, la confession de Simon et la honte publique à laquelle il s'expose renvoient le même message que la punition des autres magiciens dans les Actes.[411] A la différence près que le Samaritain n'a pas besoin de la punition pour encourir l'humiliation : c'est

---

[410] Nous allons ici *contre* l'interprétation de G. STÄHLIN, *Die Apostelgeschichte*, 1962, *ad loc.*, qui pense que Simon ne se repentit pas vraiment et conserve sa mentalité magique jusqu'au bout. Son raisonnement serait plus casuistique qu'exégétique : Simon demanderait aux apôtres de prier pour que le châtiment lui soit épargné, non pour qu'il soit sauvé de sa méchanceté; - pour un écho récent de cette thèse, voir A.-D. KOCH, "Geistbesitz, Geistverleihung und Wundermacht", in : *Z.N.W.*, 77/1986, pp. 64-82 : "*Er [Simon] formuliert seinerseits keineswegs seine Schuld und bittet auch nicht um Vergebung*" (p. 68). - L'opinion contraire, que nous adoptons ici, est défendue par A. WEISER, *Apostelgeschichte*, Vol. 1, 1981, p. 205, et G. SCHNEIDER, *Apostelgeschichte*, Vol. 1, 1980, p. 495 (n.121).

[411] Voir l'aveuglement d'Elymas en Ac. 13, 11, et la fuite honteuse des exorcistes en Ac. 19, 16.

lui-même qui se convainc d'impiété, lui-même qui se ridiculise, anticipant ainsi sur les effets du châtiment. Mais la réponse du sorcier sert encore un autre propos : il ne faut pas oublier que Simon avait remis en question l'autorité spirituelle des apôtres, lorsqu'il avait offert d'acheter celle-ci à prix d'argent. En reconnaissant leur authenticité prophétique et le danger imminent que contiennent les paroles de Pierre, puis en demandant aux apôtres d'intercéder en sa faveur, Simon corrige son erreur et reconnaît l'autorité spéciale des *apostoloi*, leur fonction d'intermédiaires privilégiés de la divinité auprès des hommes.

En résumé, la supplication de Simon remplit trois fonctions principales : elle sert à vérifier sa culpabilité, à parachever sa caricature en tant que charlatan et à confirmer l'exclusivité du pouvoir des apôtres. Plusieurs commentateurs du v. 24, intrigués par cette chute abrupte et l'absence d'une réaction de la part des apôtres, se demandent ce qu'il va advenir de Simon par la suite, s'il va obtenir son pardon, etc.[412] Il va de soi, pourtant, que ces questions sont loin de préoccuper l'auteur des Actes. Si Luc ne s'intéresse pas au sort de Simon, c'est parce qu'il en a fini avec lui. L'important était que Simon avoue son péché et qu'il s'humilie tout en exaltant les apôtres. Une fois la crédibilité du Samaritain définitivement détruite, la narration n'a plus lieu de continuer.

---

[412] Sur les perspectives de reconversion et de pardon final pour Simon, voir B. WILDHABER, *Paganisme populaire*, Genève, 1987, p. 51 (n 49), et C.K. BARRETT, "Light on the Holy Spirit ..." in : *Les Actes des Apôtres : ...*, Gembloux - Louvain, 1979, pp. 281-295 (p. 295).

CONCLUSION

Comme nous l'avons fait pour Eunus et le prophète égyptien, tentons maintenant de reconstituer, pour le récit d'Actes 8, une version des faits qui soit moins entachée de parti-pris et de polémique.[413] Commençons par récapituler *les sept lieux communs de l'accusation de magie* que nous avons pu dégager du texte :

a) L'accusation de *sorcellerie* proprement dite sert à discréditer les miracles opérés par Simon.

b) Le motif de la *stupeur* aliénante des spectateurs est introduit afin de remettre en cause l'étonnement que provoquent ses miracles et les assimiler à de la magie.

c) Le topos de la *mégalomanie* et de l'*arrogance* du magicien constituent une attaque contre le caractère de Simon.

d) L'accusation de *déification* remet en question la légitimité du ministère prophétique de Simon en tant que messager de Dieu.

e) Le motif de la *vénalité* et de la *cupidité*, que Simon applique lui-même aux apôtres, tend à démontrer que Simon les confond avec des magiciens et donc que sa demande de l'*exousia* est illégitime.

f) La dénonciation de la *méchanceté* et de la *perversité* du magicien vise l'*ethos* de Simon.

g) L'annonce du *jugement divin* imminent contre Simon veut montrer que Simon est un sorcier impie haï de Dieu.

---

[413] Nous prenons le récit d'Actes 8, 5-25 comme un tout narratif reflétant une série événementielle de base potentiellement "historique". Les multiples redécoupages du récit auxquels s'est astreinte la critique des sources (HAENCHEN, ROLOFF, KOCH, etc.) ne nous convainquent nullement; elles font de Luc un manipulateur de faits encore plus dénué de scrupules que ne le suppose notre propre enquête. L'unité narrative d'Actes 8 a été récemment réaffirmée par R. PESCH, *Die Apostelgeschichte*, 1986, Vol. 1, p. 271, que nous suivons ici.

Viennent ensuite au moins *quatre distorsions circonstancielles* :

> a) La *personne* de Simon comme seul objet de l'intérêt des foules
> sert à dissimuler le fait que Simon a proclamé un message de salut.
> b) Les *foules* indistinctes masquent un groupe plus restreint de
> disciples entourant Simon.
> c) La *fausse conversion* de Simon, mettant en évidence son
> incurable mentalité de sorcier, sert à préparer l'offre du pot-de-vin.
> d) La *supplication* de Simon clôt le récit en plaçant l'aveu de sa
> faute dans la bouche de l'accusé.

Une fois le criblage effectué et la diffamation neutralisée autant que possible, il ne subsiste, du texte initial, qu'une mince trame événementielle, divisée en cinq moments distincts, et dont nous pensons qu'elle reflète les faits tels qu'ils durent se produire. Pour quatre des cinq phases que l'on peut maintenant tenir pour assurées, nous suggérons quatre séries d'hypothèses dont la fonction sera de rendre compte des motivations des acteurs :

1ère phase :   Dans une ville de Samarie, un prophète thaumaturge nommé Simon rend des oracles et accomplit des signes, entouré de ses disciples.

- Hypothèse :   S'il n'était ni un dieu gnostique (cf. HAENCHEN), ni un magicien syncrétiste (cf. CERFAUX), le Simon historique devait bien se rattacher à une tradition religieuse. La Samarie, tout comme la Judée, avait ses prophètes, lesquels se réclamaient aussi de la révélation de Moïse. Flavius Josèphe parle d'un extatique samaritain qui, vers 35 ap. J.-C., soit un ou deux ans avant l'exil missionnaire de Philippe (36-37 ap. - cf. Actes 8, 39-40), avait reçu la révélation de l'endroit où Moïse avait enterré les "vases sacrés" sur le Mont Garizim. Sa tentative de recouvrer les objets sacrés provoqua un mouvement de foule qui fut réprimé par Ponce Pilate, répression sanglante dont ce dernier dut rendre compte à ses supérieurs de Rome et qui le mena peut-être au suicide (36 ap. J.-C.).[414]

---

[414] Flavius Josèphe, *Antiquités juives*, XVIII, 85-87 : bien qu'il ne le qualifie pas le Samaritain de *goês*, Josèphe utilise à son endroit la même rhétorique tendancieuse que pour les prophètes de Judée (tromperie, manipulation de la foule, promesses, etc.). Voir les commentaires de M.F. COLLINS, "The Hidden

Peut-être Simon était-il simplement un prophète Samaritain annonçant la venue du "restaurateur" (*Taheb*), le messie semblable à Moïse.

2ème phase : Philippe, un juif chassé de Jérusalem à cause de la persécution menée par le Sanhédrin contre sa secte, arrive dans la ville en prêchant un messie mort et ressuscité et en accomplissant des prodiges. Simon et ses disciples se convertissent au Christ.

- *Hypothèse* : Les relations entre Juifs et Samaritains sous la domination romaine étaient faites de haine réciproque et de brusques accès de violence. L'accueil favorable que reçut Philippe auprès du groupe simonien peut donc surprendre. Il s'explique toutefois de manière satisfaisante si l'on tient compte de la réputation qu'avait la Samarie, depuis l'époque hellénistique, d'être une terre d'asile pour les Juifs pourchassés par les autorités religieuses de Jérusalem.[415] La conversion de Simon et de son groupe prend tout son sens si l'on veut bien admettre l'hypothèse précédente: la prédication de Philippe trouve un terrain favorable dans une communauté où fleurissait déjà l'attente messianique [416].

Vessels in Samaritan Traditions", in : *Journal for the Study of Judaism in the Persian, Hellenistic and Roman Period*, 3, 1972, pp. 97-116.

[415] Cf. Flavius Josèphe, *Antiquités Juives*, XI, 346-347 : "Lorsque quelqu'un était accusé par le peuple de Jérusalem de manger de la nourriture impure, de violer le sabbat ou de commettre un autre péché du même genre, il s'échappait chez les Sichémites en disant qu'il avait été injustement chassé". Texte cité à propos d'Ac. 8, 1 par R. SCROGGS, "The Earliest Helenistic Christianity", in : *Religions in Antiquity*, J. NEUSNER, Ed., Leiden, 1968, p. 197; G. BOUWMAN, "Samaria im lukanischen Doppelwerk", in : *Theologie aus dem Norden*, A. FUCHS, Ed., Freistadt, 1976, pp. 118-141 (pp. 137-138); F.S. SPENCER, *The Portrait of Philip in Acts: ...*, 1992, p. 82.

[416] Ainsi, tout récemment, Kl. BERGER, "Propaganda und Gegenpropaganda im frühen Christentum : Simon Magus als Gestalt des samaritanischen Christentums", in : *Religious Propaganda and Missionary Competition in the New Testament World. - Essays Honoring Dieter GEORGI*, in coll. : "Suppl. to N.T.", Vol. 74, (Leiden, 1994), pp. 313-317, considère que : "Simon le Mage, en Actes 8, représente un groupe chrétien qui s'est formé en Samarie; les apôtres de Jérusalem, motivés par leur projet de domination exclusive, refusèrent d'accorder un statut apostolique au leader samaritain" (résumé par B. LANG, in : *I.Z.B.G.*, 40/1993-1994, p. 166 - N° 1035).

3ème phase :   Les anciens disciples de Jésus, restés à Jérusalem, apprennent les succès de Philippe et décident de venir imposer les mains à ces premiers convertis non judéens, leur signifiant ainsi leur complète acceptation dans la nouvelle secte. La mission est confiée aux apôtres Pierre et Jean qui la mènent à bien.

- *Hypothèse* :   Nous reconnaissons volontiers[417] que la monopolisation du don du Saint-Esprit par les apôtres en Actes 8, 14-17 amène à s'interroger sur la vraisemblance et, partant, sur l'historicité du récit de Luc. On peut cependant raisonnablement penser que les apôtres devaient s'arroger eux-mêmes une certaine primauté au sein de l'Eglise primitive, notamment en matière de charismes et de délégation d'autorité. Luc a systématisé cela dans son récit, mais ne l'a probablement pas forgé de toutes pièces. La mission de Philippe n'était pas préméditée mais plutôt le résultat inopiné d'un exil involontaire. La propagation de la bonne nouvelle au-delà des murs de Jérusalem, une fois connue des apôtres, avait de quoi susciter leur intérêt. Pour cette première "mission", la présence des apôtres et leur témoignage fut certainement jugée indispensable, ne serait-ce que pour faire taire le sentiment anti-samaritain qui ne dut pas manquer de s'exprimer chez certains membres de la secte.[418] En supprimant un intermédiaire, en imposant eux-mêmes les mains à la place de Philippe, Pierre et Jean voulaient peut-être, par un geste rituel fortement symbolique, montrer aux Samaritains que leur conversion se situait dans la continuité de la leur propre, à eux qui avaient personnellement connu le Christ et qui avaient directement reçu de lui l'*exousia*. Il se peut donc que cette division des tâches (baptême - imposition des mains) entre divers acteurs n'ait été qu'exceptionnelle, liée aux circonstances particulières dictées par les événements.

---

[417] Avec E. TROCMÉ, *Le Livre des Actes et l'histoire*, Paris, 1957, p. 182 (n. 2).

[418] On connaît la rivalité, débouchant souvent sur des épisodes sanglants, qui mit' aux prises les juifs de Judée et ceux de Samarie tout au long du Ier siècle (cf. H. KOESTER, *Introduction to the New Testament*, - Vol. 1 : *History, Culture and Religion of the Hellenistic Age*, New York - Berlin, 1982, pp. 398-399). Le christianisme semble avoir été très tôt partagé au sujet des Samaritains, tantôt farouchement hostile (cf. le logion attribué à Jésus en Mt. 10, 5c: *eis polin Samaritôn mê eiselthe*), tantôt en faveur de leur participation au salut (cf. Luc 10, 29-37; Jean 4, 32-38). Cf. E. TROCMÉ, *Le livre des Actes*, Paris, 1957, pp. 181-182. Sur l'attitude de Luc envers les Samaritains, voir R.G. COGGINS, "The Samaritans and Acts," in : *New Testament Studies*, 28, 1982, pp. 423-434.

4ème phase :   Simon demande aux apôtres de lui déléguer leur pouvoir de donner l'Esprit par l'imposition des mains.

- *Hypothèse* :   Simon sentait qu'il avait droit à sa part d'autorité dans la secte chrétienne. En tant que leader charismatique, son aura n'avait certainement pas disparu une fois son groupe acquis aux idées nouvelles. Ses anciens disciples durent voir en lui l'héritier logique de Philippe et un candidat idéal pour le poste de missionnaire permanent après le départ des apôtres. Simon devait estimer qu'en recevant le don de l'autorité spirituelle des apôtres, comme ceux-ci l'avaient reçu du Christ, il pourrait établir une filiation légitime entre l'avant-poste de la mission en Samarie et Jérusalem. En un mot, Simon était sur les rangs pour devenir un leader, comme Paul le devint plus tard : il se heurta donc aux mêmes difficultés que ce dernier,[419] à la différence près que sa tentative se solda par un échec.

5ème phase : Les apôtres rejettent et condamnent la demande de Simon.

- *Hypothèse* :   A l'origine de ce refus, il faut probablement restituer une querelle de pouvoir qui eut lieu au sein des membres de la secte chrétienne en Samarie. La figure populaire et prophétique de Simon pouvait porter ombrage aux apôtres; ceux-ci se virent en passe de perdre leur contrôle sur le nouveau groupe de convertis et refusèrent en bloc de légitimer un parvenu à l'influence trop marquée. Il est tout à fait possible que certaines des accusations présentes en Actes 8 reflètent celles que les apôtres durent adresser à Simon dans le feu de la controverse. La charge de pot-de-vin, en particulier, semble toute indiquée. C'était le plus sûr moyen, pour les apôtres, de saper la crédibilité de Simon auprès de ses adeptes. L'accusation de magie, dont Peter BROWN[420] nous dit qu'elle était

---

[419] Cp. Ac. 9, 26, où Paul a du mal à se faire accepter comme un vrai "disciple" dans la communauté de Jérusalem.

[420] Cf. P. BROWN, "Sorcery, Demons, and the Rise of Christianity from Late Antiquity into the Middle Ages", in : *Witchcraft: Confessions and Accusations*, Mary DOUGLAS, Ed., London - New York, 1970, pp. 17-45 : "It is here that we find a situation which has been observed (...) to foster sorcery accusations. This is when *two systems of power* are sensed to clash within one society. On the one

particulièrement utile dans l'Antiquité pour déstabiliser un parvenu à l'autorité croissante et insaisissable, fut peut-être lancée contre Simon à un moment donné du conflit. Comme le hiérophante d'Éleusis qui avait refusé l'initiation à Apollonius de Tyane sous prétexte qu'il était un *magos*,[421] les apôtres essayèrent tant bien que mal de rendre illégitime la requête d'un individu dont l'influence potentielle dans leur secte était trop grande à leurs yeux.

Entre l'événement lui-même (36-37 ap. J.-C.) et sa mise par écrit (70-90 ap. J.-C., env.), une anecdote dut circuler dans les milieux chrétiens qui rendait compte de la controverse dans un sens pleinement favorable aux apôtres : Simon ne fut pas un vrai croyant comme on l'avait cru d'abord; un magicien sous des dehors de prophète, il ne se convertit jamais vraiment et s'introduisit dans la communauté en fraude. Il est malheureusement impossible de décider ce qui, dans le récit final des Actes, provient de la controverse initiale, de la rumeur ou du rédacteur.

---

hand, there is *articulate* power, power defined and agreed upon by everyone (and especially by its holders !) : authority vested in precise persons; admiration and success gained by recognizable channels. Running counter to this there may be other forms of influence less easy to pin down - *inarticulate* power : the disturbing intangibles of social life; the imponderable advantages of certain groups; personal skills that succeed in a way that is unacceptable or difficult to understand. Where these two systems overlap, we may expect to find the sorcerer" (pp. 21-22). - Voir aussi, plus récemment, S.D. RICKS, "The Magician as Outsider in the Hebrew Bible and the New Testament" in : *Ancient Magic and Ritual Power*, Leiden, 1995, pp. 131-144. -- Parmi les oeuvres littéraires modernes, cette antinomie est bien rendue par Guillaume APOLLINAIRE, "Simon Mage", in : *L'Hérésiarque et Cie*, (Paris, 1910), pp. 103-116 [Ed. Stock].

[421] Cf. Philostrate, *Vie d'Apollonius*, IV, 18.

BIBLIOGRAPHIE :

1. SOURCES :

1.1. AUTEURS NON CHRÉTIENS :

Pour la grande majorité des auteurs cités, nous avons utilisé les volumes de la collection "LOEB Classical Library" (Harvard University Press, Cambridge /Mass.). Nous ne mentionnons ci-dessous que les autres éditions et notamment celles provenant de la collection "Bibliotheca Scriptorum Græcorum et Romanorum Teubneriana" (Editions TEUBNER, à Leipzig, puis à Stuttgart) :

ARISTÉNÈTE DE NICÉE, **Epistularum Libri II**, MAZAL O., Ed., (Stuttgart, 1971). - [Ed. : Teubner].

CICÉRON, **In L. Calpurnium Pisonem. Oratio**, NISBET R.G.M., Ed., rééd. anastat., (Oxford, 1972), XXXII + 208 pp. - [Ed. : Clarendon].

POLÉMON, **De Physiognomonia**, in : FOERSTER R., Ed., **Scriptores physiognomonici graeci et latini**, Vol. 1, (Leipzig, 1893), pp. 93-294. - [Ed. : Teubner].

POLLUX DE NAUCRATIS, **Onomasticon**, BETHE E., Ed., 3 Vols., in coll. : "Sammlung Wissenschaftlicher Commentare : Lexicographi Graeci", Vol. 9, (Stuttgart, 1966). - [Ed. : Teubner].

QUINTILIEN, **Œuvres complètes**, OUIZILLE M.C.V., Ed., (Paris, 1863). - [Ed. : Garnier].

VALÈRE MAXIME, **Factorum et dictorum memorabilium libri novem**, KEMPF C., Ed., (Stuttgart, 1966). - [Ed. : Teubner].

VETTIUS VALENS, **Anthologiae**, PINGREE D., Ed., (Leipzig, 1986). - [Ed. : Teubner].

XÉNOPHON D'ÉPHÈSE, **Ephesiaca**, PAPANIKOLOU A.D., Ed., (Stuttgart, 1973). - [Ed. : Teubner].

1.2. AUTEURS CHRÉTIENS :

CYPRIEN DE CARTHAGE, **Correspondance**, BAYARD Ch., Ed., 2 Vols.,
in coll. : "Collection des Universités de France", (Paris, 1961-1962).
- [Ed. : "Les Belles Lettres"].

EUSÈBE DE CÉSARÉE, **Préparation évangélique**, PLACES E. DES, Ed.,
Livres I - XV, in coll. : "Sources Chrétiennes", Vols. 206, 215, 228,
262, 266, 292, 307, 338 & 369, (Paris,1974-1991). - [Ed. du Cerf].

EUSÈBE DE CÉSARÉE, **Contre Hiéroclès,** FORRAT M. - PLACES E. DES,
Eds., in coll. : "Sources Chrétiennes", Vol. 333, (Paris, 1986).- [Cerf].

HERMAS, **Le pasteur**, JOLY R., Ed., in coll. : "Sources Chrétiennes",
Vol. 53, (Paris, 1958). - [Ed. du Cerf].

HIPPOLYTE DE ROME, [**Philosophoumena**] **Refutatio omnium
haeresium**, MARCOVICH M., Ed., in coll. : "Patristische Texte und
Studien", Vol. 25, (New York - Berlin, 1986). - [Ed. : W. De Gruyter].

IRÉNÉE DE LYON, **Contre les hérésies : Mise en lumière et réfutation de
la prétendue connaissance**, SAGNARD F., Ed., 4 Vols., in coll. :
"Sources Chrétiennes", Vols. 34, 100, 152, 153, (Paris, 1952 -1969).
- [Ed. du Cerf].

JUSTIN MARTYR, **Apologies**, WARTELLE A., Ed., (Paris, 1987), 390 pp.
[Ed. : "Études Augustiniennes"].

ORIGÈNE, **Contre Celse**, BORRET M., Ed., 5 Vols., in coll. : "Sources
Chrétiennes", Vols. 132, 136, 147, 150, 227, (Paris, 1967-1976).
- [Ed. du Cerf].

PHOTIUS, **Bibliothèque**, Vol. 6 (*Codices 242-245*), HENRY R., Trad.,
in coll. : "Collection Byzantine", (Paris, 1971).
- [Ed. : "Les Belles Lettres"].

SULPICE SÉVÈRE, **Chronique**, LAVERTUJON A., Ed., (Paris, 1899), 2 Vols
- [Ed. : Hachette].

TERTULLIEN, **Apologétique**, WALTZING J.P. - SEVERYNS A., Eds,
in coll. : "Collection des Universités de France", 2ème éd., (Paris, 1961).
- [Ed. : "Les Belles Lettres"].

2. AUTEURS MODERNES :

ABT A., **Die Apologie des Apuleius von Madaura und die antike Zauberei : Beiträge zur Erlaüterung der Schrift** *De Magia*, in coll. : "Religionsgeschichtliche Versuche und Vorarbeiten", Vol.4/2, (Giessen, 1908), VII + pp. 75-345.- [Ed. : A. Töpelmann].

ACHTEMEIER P.J., "The Lucan Perspective on the Miracles of Jesus", in : **Journal of Biblical Literature**, 94/1975, pp. 547-562.

ALEXANDER P.S., "Incantations and Books of Magic", in : SCHÜRER E. [Ed.], **The History of the Jewish People in the Age of Jesus Christ (175 B.C. - A.D. 135)**, Vol. 3/1, VERMES G. - MILLAR F. - GOODMANN M., Eds., (Edinburgh, 1986), pp. 342-379. - [Ed. : T. & T. Clark].

ANDERSON Gr., **Sage, Saint, and Sophist: Holy Men and their Associates in the Early Roman Empire**, (London - New York, 1994), XII + 289 pp. - [Ed. : Routledge].

ARNOLD C.E., **Ephesians : Power and Magic. - The Concept of Power in Ephesians in Light of its Historical Setting**, in coll. : "Monograph Series. Society for New Testament Studies", Vol. 63, (Cambridge - New York, 1989), pp. XIV + 244 pp. - [Ed. : Cambridge University Press].

AUNE D.E., "Magic in Early Christianity", in : **Aufstieg und Niedergang der Römischen Welt**, Vol. II/23/2, HAASE W. - TEMPORINI H., Eds., (Berlin - New York, 1980), pp. 1507-1557. - [Ed. : W. de Gruyter].

AUNE D.E., **The New Testament and its Literary Environment**, in coll. "Library of Early Christianity", Vol. 8, (Philadelphia, 1987), 260 pp. - [Ed. : Westminster Press].

BARNETT P.W., "The Jewish Sign-Prophets A.D. 40-70 : Their Intentions and Origins", in : **New Testament Studies**, 27/1980-1981, pp. 679-697.

BARRETT C.K., "Light on the Holy Spirit from Simon Magus", in : **Les Actes des Apôtres. - Traditions, rédaction, théologie**, KREMER J., Ed., in coll. : "Bibliotheca Ephemeridum Theologicarum Lovaniensium", Vol. 48, (Gembloux - Louvain, 1979), pp. 281-295. - [Ed. : Duculot].

BENKO S., "Pagan Criticism of Christianity During the First Two Centuries", in : **Aufstieg und Niedergang der Römischen Welt**, Vol. II/23/2, HAASE W. - TEMPORINI H., Eds., (Berlin - New York, 1980), pp. 1055-1118. - [Ed. : W. de Gruyter].

BENKO S., "Early Christian Magical Practices", in : **1982 Seminar Papers. - Society of Biblical Literature**, in coll. : "Society of Biblical Literature Seminar Paper Series", Vol. 21, (Atlanta, 1982), pp. 9-14. - [Ed. : Scholars Press].

BENKO S., **Pagan Rome and the Early Christians**, (Bloomington / Indianapolis, 1984), X + 180 pp. - [Ed. : Indiana University Press].

BERGER Kl., "Hellenistisch-heidnische Prodigien und die Vorzeichen in der jüdischen und christlichen Apokalyptik", in : **Aufstieg und Niedergang der Römischen Welt**, Vol. II/23/2, HAASE W. - TEMPORINI H., Eds., (Berlin - New York, 1980), pp. 1428-1469. - [Ed. : W. de Gruyter].

BERGER Kl., "Propaganda und Gegenpropaganda im frühen Christentum: Simon Magus als Gestalt des samaritanischen Christentums", in : **Religious Propaganda and Missionary Competition in the New Testament World. - Essays Honoring Dieter GEORGI**, BORMANN L. - TREDICI K. DEL - STANDHARTINGER A., Eds., in coll. : "Supplements to Novum Testamentum", Vol. 74, (Leiden - New York - Köln, 1994), pp. 313-317. - [Ed. : E.J. Brill].

BERGMAN J., **Ich bin Isis : Studien zum memphitischen Hintergrund der griechischen Isisaretalogien**, in coll. : "Acta Universitatis Upsaliensis. - Historia Religionum", Vol. 3, (Uppsala, 1968), 349 pp. - [Ed. : Almqvist & Wiskell].

BERGMEIER R., "Die Gestalt des Simon-Magus in Apg. 8 und in der simonianischen Gnosis. - Aporien einer Gesamtdeutung", in : **Zeitschrift für die Neutestamentliche Wissenschaft**, 77/1986, pp. 267-275.

BETZ H.D., **Lukian von Samosata und das Neue Testament :**
Religionsgeschichtliche und parenätische Parallelen, in coll. : "Texte
und Untersuchungen zur Geschichte der altchristlichen Literatur", Vol.
76, (Berlin, 1961), XIV + 287 pp. - [Ed. : Akademie Verlag].

BETZ H.D. [Ed.], **The Greek Magical Papyri in Translation including**
the Demotic Spells, - Vol. 1: **The Texts,** (Chicago - London, 1986),
LVIII + 339 pp. - [Ed. : The University of Chicago Press].

BEYSCHLAG K., "Zur Simon-Magus Frage",
in : **Zeitschrift für Theologie und Kirche,** 68/1971, pp. 395-426.

BEYSCHLAG K., **Simon Magus und die christliche Gnosis,** in coll. :
"Wissenschaftliche Untersuchungen zum Neuen Testament", Vol. 16,
(Tübingen, 1974), 249 pp. - [Ed. : J.C.B. Mohr (P. Siebeck)].

BIELER L., *THEIOS ANÊR* **: Das Bild des "göttlichen Menschen"**
in Spätantike und Frühchristentum, 2 Vols., (Wien, 1935-1936),
VI +150 + 130 pp. - [Ed. : O. Höfels].

BLAU L., **Das altjüdische Zauberwesen,** (Strassburg, 1898),
VIII + 167 pp. - [Ed. : Trübner].

BLOCH R., "La divination en Étrurie et à Rome",
in : **La divination,** CAQUOT A. - LEIBOVICI M., Eds., in coll. : "Rites et
Pratiques Religieuses", Vol. 1, (Paris, 1968), pp. 197-232. - [Ed. :
Presses Universitaires de France].

BÖMER F., **Untersuchungen über die Religion der Sklaven in**
Griechenland und Rom, - Vol. 3 : **Die wichtigsten Kulte der**
griechischen Welt, in coll. : "Forschungen zur Antiken Sklaverei", Vol.
14/3, 2ème éd., (Stuttgart, 1990), 369 pp. - [Ed. : F. Steiner Verlag].

BOUCHÉ-LECLERCQ A., **La divination dans l'Antiquité,** 4 Vols.,
(Paris, 1879-1882). - [Ed. : Leroux].

BOUCHÉ-LECLERCQ A., Art. : "Divination",
in : **Dictionnaire des Antiquités Grecques et Romaines,** Vol. 2,
DAREMBERG C. - SAGLIO E., Eds., (Paris, 1892), pp. 292-319.

BOUWMAN G., "Samaria im lukanischen Doppelwerk",
in : **Theologie aus dem Norden**, in coll. : "Studien zum Neuen
Testament und seiner Umwelt", Vol. A/2, A. FUCHS, Ed., (Freistadt,
1976), pp. 118-141. [Ed. : Ploechl].

BOWMAN J., **Samaritanische Probleme : Studien zum Verhältnis von
Samaritanertum, Judentum und Urchristentum**, [Franz DELITZSCH
Vorlesungen 1959], (Stuttgart - Berlin, 1967), 100 pp.
- [Ed. : W. Kohlhammer].

BRADLEY K.R., **Slavery and Rebellion in the Roman World, 140 B.C.
- 70 B.C.**, (Bloomington - Indianapolis, 1989), XIII + 186 pp.
- [Ed. : Indiana University Press].

BROWN P., "Sorcery, Demons, and the Rise of Christianity from Late
Antiquity into the Middle Ages",
in : **Witchcraft : Confessions and Accusations**, DOUGLAS M., Ed., in
coll. : "Monographs. - American Society of Anthropology", Vol. 9,
(London-New York, 1970), pp. 17-45. - [Ed. : Tavistock Publications]

BROWN S., **Apostasy and Perseverance in the Theology of Luke**,
in coll. : "Analecta Biblica", Vol. 36, (Rome, 1969), XVI + 166 pp.
- [Ed. : Pontifical Biblical Institute].

BURKERT W., "*Goês* : zum griechischen Schamanismus",
in : **Rheinisches Museum für Philologie**, 105/1962, pp. 36-55.

CASTER M., **Études sur Alexandre ou le faux prophète de Lucien**,
in coll.: "Collection d'Études Anciennes", (Paris, 1937), LXV + 120 pp.
- [Ed. : Les Belles Lettres].

CERFAUX L., **Recueil Lucien CERFAUX : Études d'Exégèse et
d'Histoire Religieuse**, 2 Volumes, in coll. : "Bibliotheca Ephemeridum
Theologicarum Lovaniensium", Vols. 6-7, (Gembloux, 1954), XLIII +
504 pp. - [Ed. : Duculot].

COGGINS R.J., "The Samaritans in Acts,"
in : **New Testament Studies**, 28/1982, pp. 423-434.

CONZELMANN H., **Die Apostelgeschichte**, in coll. : "Handbuch zum
Neuen Testament", Vol. 7, 2ème éd.,(Tübingen, 1972), 158 pp.
- [Ed. : J.C.B. Mohr - (P. Siebeck)];

.../...

= IDEM, **The Acts of the Apostles : A Commentary on the Acts of the Apostles**, [Trad. : LIMBURG J. - KRAABEL A. Th. - JUEL D.A.], - EPP E.J. - MATTHEWS C.R., Eds., in coll. : "Hermeneia", (Philadelphia, 1987), XLVIII + 287 pp. - [Ed. : Fortress Press].

CONZELMANN H., **Die Mitte der Zeit : Studien zur Theologie des Lukas**, in coll. : "Beiträge zur Historischen Theologie", Vol, 17, (Tübingen, 1960; 3ème éd.), VIII + 241 pp. - [Ed. : J.C.B. Mohr]; ../..
= IDEM, **The Theology of Luke**, 2ème éd. (London, 1982), 255 pp. - [Ed. : SCM Press].

CORRINGTON G.P., **The Divine Man : His Origin and Function in Hellenistic Popular Religion**, in coll. : "American University Studies", Vol. 7/17, (New York - Bern - Frankfurt am Main, 1986), 328 pp. - [Ed. : P. Lang].

CUMONT Fr., **Les mages hellénisés : Zoroastre, Ostanès et Hystaspe d'après la tradition grecque**, (Paris, 1938), XI + 297 + 409 pp. - [Ed.: "Les Belles Lettres"].

DECHARME P., **La critique des traditions religieuses chez les Grecs, des origines au temps de Plutarque**, (Paris, 1904), 518 pp. - [Ed. : Picard].

DEFRADAS J., "La divination en Grèce", in : **La divination**, CAQUOT A. - LEIBOVICI M., Eds., in coll. : "Rites et Pratiques Religieuses", Vol. 1, (Paris, 1968), pp. 158-195. - [Ed. : Presses Universitaires de France].

DELLING G., "Josephus und das Wunderbare", in : **Novum Testamentum**, 2/1958, pp. 291-309.

DERRETT J.D.M., "Simon Magus (Act 8 : 9-24)", in : **Zeitschrift für die Neutestamentliche Wissenschaft**, 73/1982, pp. 52-68.

DODDS E.R., **The Greeks and the Irrational**, (Berkeley - Los Angeles, 1964), IX + 327 pp. - [Ed. : University of California Press];
= IDEM, **Les Grecs et l'irrationnel**, [Trad. : GIBSON M.], in coll. : "Champ Philosophique", (Paris, 1977), 316 pp. - [Ed. : Flammarion].

DULING D.C., "The Eleazar Miracle and Solomon's Magical Wisdom in Flavius Josephus's *Antiquitates Judaicae*, 8. 42-49",
in : **Harvard Theological Review**, 78/1985, pp. 449-490.

DUPONT J., **Les tentations de Jésus au désert**, in coll. : "Studia Neotestamentica", Vol. 4, ([Paris] - [Bruges], 1968), 152 pp.
- [Ed. : Desclée de Brouwer].

DUPONT-SOMMER A., "Exorcismes et guérisons dans les textes de Qoumrân",
in : **Congress Volume : Oxford, 1959**, in coll. : "Supplements to Vetus Testamentum", Vol. 7, (Leiden, 1960), pp. 246-261. - [Ed.: E.J. Brill].

DUPONT-SOMMER A. - PHILONENKO M., [Eds.], **La Bible : Écrits intertestamentaires**, in coll.: "Bibliothèque de la Pléiade", Vol. 337, (Paris, 1987), CXLIX + 1903 pp. - [Ed. : Gallimard].

EITREM S., "La magie comme motif littéraire chez les Grecs et les Romains",
in : **Symbolae Osloenses**, 21/1946, pp. 39-83.

FARAONE C.A. - OBBINK D. [Eds.], **Magika Hiera : Ancient Greek Magic and Religion**, (New York - Oxford, 1991), XIII + 298 pp.
- [Ed. : Oxford University Press].

FASCHER E., *PROPHÊTÊS* : **Eine sprach- und religionsgeschichtliche Untersuchung**, (Giessen, 1927), IV + 228 pp. - [Ed. : A. Töpelmann].

FERGUSON Ev., "The Demons According to Justin Martyr",
in : **The Man of the Messianic Reign**, GOODHEER W.C., Ed., (Wichita Falls, 1980). - [Ed. : Western Christian Foundation].

FERGUSON Ev., **Demonology of the Early Christian World**, in coll. : "Symposium Series", Vol. 12, (Lewiston - Queenston, 1984), 179 pp.
- [Ed. : The Edwin Mellen Press].

FESTUGIERE A.J., "L'expérience religieuse du médecin Thessalos",
in : **Revue Biblique**, 48/1939, pp. 45-77.

FOX R.L., **Pagans and Christians**, (San Francisco, 1988), 799 pp.
- [Ed. : Harper & Row].

FRIDRICHSEN A., **Le problème du miracle dans le christianisme primitif**, in coll. : "Études d'Histoire et de Philosophie Religieuses", Vol. 12, (Strasbourg, 1925), 126 pp. - [Ed. : Istra].

FRIEDLÄNDER M, **Geschichte der jüdischen Apologetik als Vorgeschichte des Christentums**, (Zürich, 1903), XV + 499 pp. - [Ed. : C. Schmidt].

FRIEDRICH G., Art. : *"Prophêtês"*, in : **Theologisches Wörterbuch zum Neuen Testament**, Vol. VI, KITTEL G. - FRIEDRICH G., Eds., (Stuttgart, [1959]), pp. 781-863. - [Ed. : Kohlhammer].

GAGER J.G., **Moses in Greco-Roman Paganism**, in coll. : "Society of Biblical Literature. - Monograph Series", Vol. 16, (Nashville - New York, 1972), 173 pp. - [Ed.: Abingdon Press].

GAGER J.G., **Curse Tablets and Binding Spells form the Ancient World**, (New York - Oxford, 1992), XV + 278 pp. - [Ed. : Oxford University Press].

GALLAGHER E.V., **Divine Man or Magician : Celsus and Origen on Jesus**, in coll. : "Society of Biblical Literature. - Dissertations Series", Vol. 64, (Chico/Calif., 1982), V + 207 pp. - [Ed. : Scholars Press].

GANSCHINIETZ R., **Hippolytos' Capitel gegen die Magier,** *Refut. haer.***, IV, 28-42**, in coll. : "Texte und Untersuchungen zur Geschichte der altchristlichen Literatur", Vol. 39/2, (Leipzig,1913), 77 pp. - [Ed. : J.C. Hinrichs].

GARRETT S.R., **The Demise of the Devil : Magic and the Demonic in Luke's Writings**, (Minneapolis, 1989), 179 pp. - [Ed.: Fortress Press]

　　C.R.: MITCHELL A.C., in : **Theol. Studies**, 51/1990, pp. 557-558;
　　　　　PERVO R.I., in : **J.B.L.**, 110/1991, pp. 532-534;
　　　　　TALBERT H.C., in : **C.B.Q.**, 53/1991, pp. 495-496.

GARRETT S.R., "Light on a Dark Subject and Vice Versa : Magic and Magicians in the New Testament", in : **Religion, Science, and Magic : In Conflict and in Concert**, NEUSNER J. *et al.*, Eds., (New York, 1989), pp. 142-165. - [Ed. : Oxford University Press].

GNUSE R., "Dream Reports in the Writings of Flavius Josephus", in : **Revue Biblique**, 96/1989, pp. 358-390.

GOODENOUGH E., **Jewish Symbols in the Greco-Roman Period**, 13 Volumes, in coll. : "Bollinger Series", N° 37, (New York, 1953-1968). - [Ed. : Pantheon Books].

GRAF F., **La magie dans l'Antiquité gréco-romaine**, (Paris, 1994), in coll. : "Histoire", 322 pp. - [Ed. : Les Belles Lettres].

GRANT R.M., **Miracle and Natural Law in Græco-Roman and Early Christian Thought**, (Amsterdam, 1952), (iv +) 293 pp. - [Ed. : North Holland Publishing C°].

GRENSEMANN H., **Die hippokratische Schrift _"Über die heilige Krankheit"_**, in coll. : "Ars Medica. Griechisch-lateinische Medizin", Vol. 2/1, (Berlin, 1968), XIV + 126 pp. - [Ed. : W. de Gruyter].

GRIFFITHS J.G., **The Isis-Book (Apuleius, _Metamorphoses_, Book 11)**, in coll. : "Études Préliminaires aux Religions Orientales dans l'Empire Romain", Vol. 39, (Leiden, 1975), XVIII + 440 pp. - [Ed. : E.J. Brill].

GRIMAL P. [Ed.], **Romans grecs et latins**, in coll. : "Bibliothèque de la Pléiade", Vol. 134, (Paris, 1958), 1528 pp. - [Ed. : Gallimard].

HAENCHEN E., "Gab es eine vorchristliche Gnosis ?", in : **Zeitschrift für Theologie und Kirche**, 49/1952, pp. 316-349.

HAENCHEN E., **Die Apostelgeschichte**, in coll. : "Kritisch-exegetischer Kommentar über das Neue Testament", Vol. 3, (Göttingen, 1967), 717 pp. - [Ed. : Vandenhoeck & Ruprecht];

= **The Acts of the Apostles : A Commentary**, B. NOBLE et alii, Trads., (Oxford, 1971), XXIII + 737 pp. - [Ed. : B. Blackwell].

HAENCHEN E., "Simon Magus in der Apostelgeschichte", in : **Gnosis und Neues Testament: Studien aus Religionswissenschaft und Theologie**, K.W. TRÖGER, Ed., (Gütersloh, 1973), pp. 267-279. [Ed. : G. Mohn].

HAMMERSTAEDT J., **Die Orakelkritik des Kynikers Œnomaus**, in coll. : "Beiträgen zur Klassichen Philologie", Vol. 188, (Frankfurt-am-Main, 1988), 328 pp. - [Ed. : Athenäum].

HANSON J.S., "Dreams and Visions in the Greco-Roman World and Early Christianity", in : **Aufstieg und Niedergang der Römischen Welt**, Vol. II/23/2, HAASE W. - TEMPORINI H., Eds., (Berlin - New York, 1980), pp. 1395-1427. - [Ed. : W. de Gruyter].

HENGEL M., **Die Zeloten : Untersuchungen zur jüdischen Freiheits-
bewegung in der Zeit von Herodes I. bis 70 n. Chr.**, in coll. :
"Arbeiten zur Geschichte des Antiken Judentums und des
Christentums", Vol. 1, 2ème éd., (Leiden - Köln, 1976), XIV + 406 pp.
- [Ed. : E.J. Brill].

HERZIG O., **Lukian als Quelle für die antike Zauberei**, (Würzburg -
Aumühle, 1940), 23 pp. - [Diss. Univ. Tübingen - Ed. : K. Triltsch].

HILL D., "Jesus and Josephus' 'Messianic Prophets' ",
in : **Text and Interpretation : Studies in the New Testament
presented to M. BLACK**, BEST E. - WILSON R.McL., Eds.,
(Cambridge,1979), pp.143-154. - [Ed. : Cambridge University Press].

HOPFNER Th., **Grieschich-ägyptischer Offenbarungszauber, mit einer
eingehenden Darstellung des griechisch-synkretistischen Dämonen-
glaubens und der Voraussetzungen und Mittel des Zaubers
überhaupt und der magischen Divination im besonderen**, 2 Vols.,
in coll. : "Studien zur Paläographie und Papyruskunde", Vols. 21 & 23,
(Amsterdam, 1921-1924), VI + 265 pp. & 172 pp. - [Ed.: H. Haessel].

HOPFNER Th., Art. : "Mageia",
in : **PAULYs Realencyclopädie der Classischen Altertums-
wissenschaft : Neue Bearbeitung begonnen von Georg WISSOWA**,
Vol. 14/1, (Stuttgart, 1930), cols. 301-393. - [Ed. : A. Drückmüller].

HORSLEY R. - HANSON J., **Bandits, Prophets and Messiahs :
Popular Movements in the Time of Jesus**, in coll. : "New Voices in
Biblical Studies", 2ème éd., (San Francisco, 1988), XXVIII + 271 pp. -
[Ed. : Harper & Row].

HUBERT H., Art. : "Magie",
in : **Dictionnaire des Antiquités Grecques et Romaines**, Vol. 3,
DAREMBERG C. - SAGLIO E., Eds., (Paris, 1904), pp. 1494-1521.
- [Ed. : Hachette].

HULL J.M., **Hellenistic Magic and the Synoptic Tradition**, in coll. :
"Studies in Biblical Theology", Ser. II, Vol. 28, (London, 1974),
XII + 192 pp. - [Ed. : SCM Press].

HUNINK V., **Apuleius of Madaura, Prose de magia : Apologia.
- With a Commentary**, 2 Vols., (Amsterdam, 1997), 168 + 250 pp.

JANNE H., "Une affaire de christianisme sous Néron (65 apr. J.-C.)", in : **L'Antiquité classique**, 2/1933, pp. 331-356.

JANNE H., "Magiciens et religions nouvelles dans l'ordre romain", in : **Latomus**, 1/1937, pp. 37-56.

JOHNSON L.T, "The New Testament Anti-Jewish Slander and the Conventions of Ancient Polemics", in : **Journal of Biblical Literature**, 108/1989, pp. 419-441.

JONES C.P., **Culture and Society in Lucian**, (Cambridge/Mass., 1986), XIV + 195 pp. - [Ed. : Harvard University Press].

KEE H., **Miracle in the Early Christian World. - A study in Socio-Historical Method**, (New Haven - London, 1983), XI + 320 pp. - [Ed. : Yale University Press].

KEE H.C., **Medicine, Miracle and Magic in New Testament Times**, in coll. : "Monograph Series. - Society for New Testament Studies", Vol. 55, (Cambridge, 1986), X + 170 pp. - [Ed. : Cambridge University Press].

KLEIN G., "Der Synkretismus als theologisches Problem in der ältesten christlichen Apologetik", in : **Zeitschrift für Theologie und Kirche**, 64/1967, pp. 40-82;

= IDEM : **Rekonstruktion und Interpretation : Gesammelte Aufsätze zum Neuen Testament**, in coll. : "Beiträge zur Evangelischen Theologie", Vol. 50, (München, 1969), pp. 262-301. - [Ed. : Chr. Kaiser Verlag].

KOCH D.-A., "Geistbesitz, Geistverleihung und Wundermacht : Erwä-gungen zur Tradition und zur lukanischen Redaktion in Act 8, 5-25", in : **Zeitschrift für die Neutestamentliche Wissenschaft**, 77/1986, pp. 64-82.

KOESTER H., **Introduction to the New Testament**, - Vol. 1 : **History, Culture and Religion of the Hellenistic Age**, (New York - Berlin, 1982), XXX + 432 pp. - [Ed. : W. de Gruyter].

KOLENKOW A.B., "A Problem of Power. - How Miracle Does Counter Charges of Magic in the Hellenistic World ?", in : **1976 Seminar Papers. - Society of Biblical Literature**, MACRAE G., Ed., in coll. : "Society of Biblical Literature Seminar Papers Series", (Missoula/Mont., 1976), pp. 105-110. - [Ed. : Scholars Press].

KOLENKOW A.B., "Relationships between Miracle and Prophecy in the Greco-Roman World and Early Christianity", in : **Aufstieg und Niedergang der Römischen Welt**, Vol. II/23/2, HAASE W. - TEMPORINI H., Eds., (Berlin - New York, 1980), pp. 1470-1506. - [Ed. : W. de Gruyter].

KOSTER S., **Die Invektive in der griechischen und römischen Literatur**, in coll. : "Beiträge zur Klassischen Philologie", Vol. 99, (Meisenheim-am-Glan, 1980), 411 pp. - [Ed. : A. Hain].

LABRIOLLE P. DE, **La réaction païenne. - Étude sur la polémique anti-chrétienne du Ier au VIe siècle**, (Paris, 1934), 519 pp. - [Ed. : L'artisan du livre].

LAMPE G.W.H., "Miracles in the Acts of the Apostles", in : **Miracles. - Cambridge Studies in their Philosophy and History**, MOULE C.F.D., Ed., (London, 1965), pp. 163-178. - [Ed.: Mowbray].

LEA H.C., **Materials toward a History of Witchcraft**, 3 Vols., HOWLAND A.C., Ed., (New York - London, 1939), XLIII + 1548 pp. - [Ed. : Th. Yoseloff / University of Pennsylvania Press].

LEIPOLDT J., "Gebet und Zauber im Urchristentum", in : **Zeitschrift für Kirchengeschichte**, 54/1935, pp. 1-11.

LLOYD G.E.R., **Magic, Reason and Experience : Studies in the Origin and Development of Greek Science**, (Cambridge/New York), XII + 335 pp. - [Ed. : Cambridge University Press].

LOWE J.E., **Magic in Greek and Latin Literature**, (Oxford, 1929), VII + 135 pp. - [Ed. : B. Blackwell].

LUCK G., **Arcana Mundi : Magic and the Occult in the Greek and Roman Worlds. - A Collection of Ancient Texts**, (Baltimore - London, 1985), 395 pp. - [Ed. : The Johns Hopkins University Press].

LÜDEMANN G., **Untersuchungen zum simonianischen Gnosis**, in coll.: "Göttingen Theologische Arbeiten", Vol. 1, (Göttingen, 1975), 156 pp. - [Ed. : Vandenhoeck & Ruprecht].

MACMULLEN R., **Ennemies of Roman Order : Treason, Unrest, and Alienation in the Roman Empire**, (Cambridge/Mass., 1966), 370 pp. - [Ed.: Harvard University Press].

MACRAE G., "Miracles in the *Antiquities* of Josephus",
in : **Miracles. - Cambridge Studies in their Philosophy and History**,
MOULE C.F.D., Ed., (London, 1965), pp. 127-147. - [Ed.: Mowbray].

MARAVAL P., "Fragments grecs du Livre de Jannès et Jambré
(Pap. Vindob. 29456 et 29828 Verso)",
in : **Zeitschrift für Papyrologie und Epigr.**, 25/1977, pp. 199-207.

MASSONNEAU E., **La magie dans l'Antiquité romaine. - La magie
dans la littérature et les mœurs romaines. - La répression de la
magie**, (Paris, 1934), 270 pp. - [Ed. : Librairie du Recueil Sirey].

MAYER G., Art. "Josephus Flavius",
in : **Theologische Realenzyklop.**, Vol. 17, (Berlin, 1988), pp. 258-264.

MEEKS W.A., **The Prophet-King: Moses Traditions and the Johan-
nine Christology**, in coll. : "Supplements to Novum Testamentum",
Vol.14, (Leiden, 1967), XV + 356 pp. - [Ed. : E.J. Brill].

MEEKS W.A., **The Origins of Christian Morality. - The First Two
Centuries**, (New Haven - London, 1993), X + 275 pp.
- [Ed. : Yale University Press].

MILLER E., **Mélanges de littérature grecque contenant un grand
nombre de textes inédits**, (Paris, 1868), XVI + 473 pp.
- [Ed. : Imprimerie Impériale].

MOMMSEN Th., **Le droit pénal romain**, DUQUESNE J., Trad., 3 Vols.,
in coll. : "Manuel des Antiquités Romaines", Vols. 17-19, (Paris, 1907),
XVI + 401 + 443 + 420 pp. - [Ed. : A. Fontemoing].

MÜSSNER F., **Die Apostelgeschichte**, in coll. : "Die Neue Echter-Bibel.
- Kommentar zum Neuen Testament mit der Einheitsübersetzung",
Vol. 5, (Würzburg, 1984), 161 pp. - [Ed. : Echter].

NOCK A.D., "Paul and the Magus",
in : **The Beginnings of Christianity,** JACKSON F.J.F. - LAKE K. [Eds.],
5 Vols., (London, 1920-1933) : - Part I : **The Acts of the Apostles,**
- Vol. V (1933), pp. 164-188. - [Ed. : MacMillan & C°];

= in : **Essays on Religion and the Ancient World**, Vol. 1, STEWART
E., Ed., (Oxford, 1972), pp. 308-330. - [Ed. : Clarendon Press].

PARKER R., **Miasma : Pollution and Purification in Early Greek
Religion**, (Oxford - New York, 1983), XVIII + 413 pp.
- [Eds. : Clarendon Press / Oxford University Press].

PERVO R.I., **Profit with Delight : The Literary Genre of the Acts of the Apostles**, (Philadelphia, 1987), XIII + 212 pp. - [Ed. : Fortress].

PESCH R., **Die Apostelgeschichte**, 2 Vols., in coll. : "Evangelisch - katholischer Kommentar zum Neuen Testament", Vol. 5, (Zürich - Einsiedeln, 1986/1987), 371 + 327 pp. - [Ed. : Benziger Verlag].

PETZKE G., **Die Traditionen über Apollonius von Tyana und das Neue Testament**, in coll. : "Studia ad Corpus Hellenisticum Novi Testamenti", Vol. 1, (Leiden, 1970), XI + 264 pp. - [Ed. : E.J. Brill].

PLÜMACHER E., **Lukas als hellenistischer Schriftsteller : Studien zur Apostelgeschichte**, in coll. : "Studien zur Umwelt des Neuen Testaments", Vol. 9, (Göttingen, 1972), 164 pp.
- [Ed. : Vandenhoeck & Ruprecht].

POUPON G., "L'accusation de magie dans les Actes apocryphes", in : **Les Actes apocryphes des Apôtres : Christianisme et monde païen**, BOVON F., Ed., in coll. : "Publications de la Faculté de Théologie Protestante de l'Université de Genève", Vol. 4, (Genève, 1981), pp. 71-85. - [Ed. : Labor et Fides].

PREISENDANZ K. & *e.a.*, [Eds.], **Papyri Graecae Magicae : Die griechischen Zauberpapyri**, 2 Vols., in coll. : "Bibliotheca Scriptorum Graecorum et Romanorum Teubneriana", (Leipzig-Berlin, 1928-1931), XII + 200 pp. (3 Pls. hors-texte) & XIV + 216 pp. (2 Pls. hors-texte).
- [Ed. : Teubner].

PRIEUR J.-M., **Acta Andreæ : Texte, Traduction et Commentaire**, in coll. : "Corpvs Christianorvm. - Series Apocryphorum", Vols. 5-6, (Turnhout, 1989), xxvi + 848 pp. - [Ed. : Brepols].

RADERMACHER L., **Griechische Quellen zur Faustsage. - Der Zauberer Cyprianus. - Die Erzählung des Helladius. - Theophilus**, in coll. : "Akademie der Wissenschaft in Wien. - Philosophisch - historische Klasse", Vol. 206/4, (Wien - Leipzig, 1927), 277 pp.
- [Ed. : Hölder-Pichler-Tempsky].

REILING J., "The Use of *Pseudoprophêtês* in the Septuagint, Philo and Josephus", in : **Novum Testamentum**, 13/1971, pp. 147-156.

REILING J., **Hermas and Christian Prophecy : A Study of the Eleventh Mandate**, in coll. : "Supplements to Novum Testamentum", Vol. 37, (Leiden, 1973), X + 197 pp. - [Ed. : E.J. Brill].

REILING J., "Marcus Gnosticus and the New Testament", in : **Miscellanea Neotestamentica**, Vol. 1, BAARDA T. - KLIJN A.F.J. - UNNIK W.C. VAN, Eds., in coll.: "Supplements to Novum Testamentum", Vol. 47, (Leiden, 1978), pp. 163-170. - [Ed. : E.J. Brill].

REMUS H. **Pagan - Christian Conflict over Miracle in the Second Century**, in coll. : "Patristic Monograph Series", Vol. 10, (Cambridge/ Mass., 1983), XIII + 371 pp.
- [Ed. : The Philadelphia Patristic Foundation].

RICHLIN A., **The Garden of Priapus : Sexuality and Aggression in Roman Humor**, 2ème éd., (New York - Oxford, 1992), XXXIII + 315 pp. - [Ed. : Oxford University Press].

RICKS S.D., "The Magician as Outsider in the Hebrew Bible and the New Testament", in : **Ancient Magic and Ritual Power**, MEYER M. - MIRECKI P., Eds., in coll. : "Religions in the Greco-Roman World", Vol. 129, (Leiden - New York, 1995), pp. 131-144. - [Ed. : E.J. Brill].

ROBERT L., **A travers l'Asie Mineure : Poètes et prosateurs, monnaies grecques, voyageurs et géographie**, in coll. : "Bibliothèque des Ecoles Françaises d'Athènes et de Rome", Vol. 239, (Paris, 1980), 458 pp. - [Ed. : De Boccard].

ROLOFF J., **Die Apostelgeschichte**, in coll. : "Das Neue Testament Deutsch", Vol. 5, 17ème éd., (Göttingen, 1981), 385 pp.
- [Ed. : Vandenhoeck & Ruprecht].

ROMILLY J. DE, **Magic and Rhetoric in Ancient Greece**, in coll. : "The Carl Newell Jackson Lectures" - 1974, (Cambridge/Mass. - London, 1975), V + 108 pp. - [Ed. : Harvard University Press].

ROPES J.H., **The Text of Acts**, in : **The Beginnings of Christianity**, JACKSON F.J.F. - LAKE K. [Eds.], 5 Vols., (London, 1920-1933) : - Part I : **The Acts of the Apostles**, - Vol. III (1926), CCCXX + 464 pp. - [Ed. : MacMillan & C°].

RUDOLPH K., "Simon-Magus oder Gnosticus ?", in : **Theologisches Rundschau**, 42/1977, pp. 279-359.

RUDOLPH K., **Gnosis und Gnostizismus**, in coll. : "Wege
der Forschung", Vol. 262, (Darmstadt, 1975), XVIII + 862 pp.
- [Ed. : Wissenschaftliche Buchgesellschaft];

= IDEM, **Gnosis : The Nature and History of Gnosticism**, [WILSON
R. MCL., Trad.], (San Francisco, 1983), XII + 411 pp.
- [Ed. : Harper & Row].

SALLES-DABADIE J.M.A., **Recherches sur Simon le Mage**, - Vol. 1 :
L'Apophasis Megale, in coll.: "Cahiers de la Revue Biblique", Vol. 10,
(Paris, 1969), 148 pp. - [Ed. : Gabalda].

SCHILLE G., **Die Apostelgeschichte des Lukas**, in coll. : "Theologischer
Handkommentar zum Neuen Testament", Vol. 5, (Berlin, 1983),
XXIII + 492 pp. - [Ed. : Evangelische Verlagsanstalt].

SCHMITHALS W., **Die Apostelgeschichte des Lukas**, in coll. : "Zürcher
Bibelkommentare", Vol. 3/2, (Zürich, 1982), 247 pp.
- [Ed. : Theologischer Verlag].

SCHOEPS H.-J., "Die Dämonologie der Pseudoklementinen",
in : IDEM, **Aus frühchristlicher Zeit: Religionsgeschichtliche Studien**,
(Tübingen, 1950), pp. 38-81. - [Ed. : P. Siebeck].

SCHUBART W., "Aus einer Apollon-Aretalogie",
in : **Hermes. - Zeitschrift für Classische Philologie**, 55/1920,
pp. 189-195.

SCHÜSSLER-FIORENZA E., "Miracles, Mission, and Apologetics",
in : **Aspects of Religious Propaganda in Judaism and Early
Christianity**, SCHÜSSLER-FIORENZA E., [Ed.], in coll. : "University of
Notre Dame Center for the Study of Judaism and Christianity in
Antiquity", Vol. 2, (Notre Dame/Ind. - London, 1976), pp. 1-25.
- [Ed. : University of Notre Dame Press].

SEGAL A.F., "Hellenistic Magic : Some Questions of Definition",
in : **Studies in Gnosticism and Hellenistic Religions, presented to
Gilles QUISPEL on the Occasion of his 65th Birthday**, BROEK R.
VAN DEN - VERMASEREN M.J., Eds., in coll. : "Études Préliminaires
aux Religions Orientales dans l'Empire Romain", Vol. 91, (Leiden,
1981), pp. 349-375. - [Ed. : E.J. Brill].

SMITH J.Z., "Towards Interpreting Demonic Powers in Hellenistic and Roman Antiquity",
in : **Aufstieg und Niedergang der Römischen Welt**, Vol. II/16/1, HAASE W. - TEMPORINI H., Eds., (Berlin - New York, 1978), pp. 425-439. - [Ed. : W. de Gruyter].

SMITH M(orton), "Account of Simon Magus in Acts 8",
in : **Harry Austryn WOLFSON Jubilee Volume, on the Occasion of his 65th Birthday**, Vol. II, (Jerusalem, 1965), pp. 735-749.
- [Ed. : The American Academy of Jewish Research].

SMITH M(orton), "Prolegomena to a Discussion of Aretalogies, Divine Men, the Gospels and Jesus",
in : **Journal of Biblical Literature**, 90/1971, pp. 174-199.

SMITH, M(orton), **Jesus the Magician**, (London, 1978), IX + 222 pp.
- [Ed. : V. Gollancz Ltd.].

SPENCER F.S., **The Portrait of Philip in Acts : A Study of Roles and Relations**, in coll. : "Journal for the Study of the New Testament.
- Supplement Series", Vol. 67, (Sheffield, 1992), 320 pp.
- [Ed. : Sheffield Academic Press].

SPEYER W., "Zum Bild des Apollonios von Tyana bei Heiden und Christen",
in : **Jahrbuch für Antike und Christentum**, 17/1974, pp. 47-63.

SPICQ C., **Les Épîtres pastorales**, in coll. : "Études Bibliques", (Paris, 1969), XXVIII + 416 pp. - [Ed. : Gabalda].

STAEHLIN G., **Die Apostelgeschichte**, in coll. : "Das Neue Testament Deutsch", Vol. 5, 10ème éd., (Göttingen, 1962), 342 pp.
- [Ed. : Vandenhoeck & Ruprecht].

STERLING G.E., "Luke - Acts and Apologetic Historiography",
in : **1989 Seminar Papers. Society of Biblical Literature**, LULL D.J., Ed., in coll. : "Society of Biblical Literature. - Seminar Papers Series", Vol. 28, (Atlanta, 1989), pp. 326-342. - [Ed. : Scholars Press].

STERLING G.E., **Historiography and Self-definition : Josephos, Luke - Acts, and Apologetic Historiography**, in coll. : "Supplements to Novum Testamentum", Vol. 64, (Leiden, 1992), XIV + 500 pp.
- [Ed. : E.J. Brill].

SÜSS W., **Ethos : Studien zur älteren griechischen Rhetorik**, (Leipzig-Berlin, 1910), 273 pp. - [Ed. : Teubner].

TAVENNER E., **Studies in Magic from Latin Literature**, in coll. : "Columbia University Studies in Classical Philology", (New York, 1916), X + 155 pp. - [Ed. : Columbia University Press].

TEMKIN O., **Hippocrates in a World of Pagans and Christians**, (Baltimore, 1991), XIV + 315 pp. - [Ed.: J. Hopkins University Press].

THEE F.C.R., **Julius Africanus and the Early Christian View of Magic**, in coll. : "Hermeneutische Untersuchungen zur Theologie", Vol. 19, (Tübingen, 1984), IX + 538 pp. - [Ed. : J.C.B. Mohr].

THEISSEN G., **Urchristliche Wundergeschichten : Ein Beitrag zur formgeschichtlichen Erforschung der synoptischen Evangelien**, in coll. : "Studien zum Neuen Testament", Vol. 8, (Gütersloh, 1974), 319 pp. - [Ed. : G. Mohn];

= IDEM, **Miracle Stories of the Early Christian Tradition**, [MACDONAGH Fr., Trad.], RICHES J., Ed., in coll. : "Studies of the New Testament and its World", (Edinburgh, 1983), X + 322 pp. - [Ed. : T.& T. Clark].

THOMPSON R.C., **Semitic Magic : Its Origin and Development**, in coll. : "Luzac's Oriental Religions Series", Vol. 3, (London, 1908), LXVII + 286 pp. - [Ed. : Luzac & C°].

THORNDIKE L., **A History of Magic and Experimental Science**, 8 Vols., (New York, 1923 - 1958). - [Eds. : MacMillan Company / Columbia University Press].

TIEDE D.L., **The Charismatic Figure as Miracle Worker**, in coll. : "Dissertation Series. - Society of Biblical Literature", Vol. 1, (Missoula, Mont., 1972), VI + 324 pp. - [Ed. : Scholars Press].

TREMEL B., "Voie du salut et religion populaire : Paul et Luc face aux risques de paganisation", in : **Lumière et Vie**, - [= N° spécial : **"Au commencement étaient les Actes des Apôtres"**], 153-154/1981, pp. 87-108.

TROCMÉ E., **Le livre des Actes et l'histoire**, in coll. : "Études d'Histoire et de Philosophie Religieuses", Vol. 45, (Paris, 1957), 238 pp. - [Ed. : Presses Universitaires de France].

TUPET A.-M., **La magie dans la poésie latine**, in coll. : "Collection d'Études Anciennes : Antiquité latine", Vol. 22, (Paris, 1976), 450 pp. - [Ed. : "Les Belles Lettres"].

VOGT J., "The Structure of Ancient Slave Wars", in : IDEM, **Ancient Slavery and the Ideal of Man**, (Cambridge/Mass., 1975), pp. 39-92. - [Ed. : Harvard University Press].

VOUAUX L., Ed., **Les Actes de Pierre**, in coll. : "Les apocryphes du Nouveau Testament", (Paris, 1922), XII + 484 pp. - [Ed. : Letouzey et Ané].

WAITZ H., "Simon Magus in der altchristlichen Literatur", in : **Zeitschrift für die Neutestamentliche Wissenschaft**, 5/1904, pp. 121-143.

WEINREICH O., **Antike Heilungswunder : Untersuchungen zum Wunderglauben der Griechen und Römer**, in coll. : "Religions-geschichtliche Versuche und Vorarbeiten", Vol. 8/1, (Giessen, 1909), XII + 212 pp. - [Ed. : A. Töpelmann].

WEISER A., **Die Apostelgeschichte**, 2 Vols., in coll. : "Ökumenischer Taschenbuchkommentar zum Neuen Testament", Vol. 5, (Gütersloh - Würzburg, 1981/1985), 684 pp. - [Eds. : G. Mohn / Echter Verlag].

WEY H., **Die Funktionen der bösen Geister bei den griechischen Apologeten des zweiten Jahrhunderts nach Christus**, (Winterthur, 1957), VII + 277 pp. - [Ed. : P.G. Keller].

WILDHABER B., **Paganisme populaire et prédication apostolique d'après l'exégèse de quelques séquences des Actes. - Eléments pour une théologie lucanienne de la mission**, in coll. : "Le Monde de la Bible", (Genève, 1987), 226 pp. - [Ed. : Labor et Fides].

WILSON R. MCL., "Simon and Gnostic Origins", in : **Les Actes des Apôtres. - Traditions, rédaction, théologie**, KREMER J., Ed., in coll. : "Bibliotheca Ephemeridum Theologicarum Lovaniensium", (Gembloux - Louvain, 1979), pp. 485-491. - [Ed. : Duculot].

YAMAUCHI E.M., **Pre-christian Gnosticism : A Survey of the Proposed Evidence**, (Grand Rapids/Mich., 1973), 208 pp. - [Ed. : Eerdmans].

INDEX DES TERMES GRECS :

INDEX DES TEXTES CITÉS :

TABLE DES MATIÈRES

LAVAUZELLE GRAPHIC
87350 Panazol (France)
N° Imprimeur : 7116100-97
Dépôt légal : Décembre 1997